C.S. LEWIS

pREpARANDO-SE
para a
PÁSCOA

CINQUENTA LEITURAS DEVOCIONAIS DE C. S. LEWIS

Título original: *Preparing for Easter*

Copyright © 2017 by C. S. Lewis Pte. Ltd.

Copyright de tradução © Vida Melhor Editora LDTA., 2021.

Os pontos de vista desta obra são de responsabilidade de seus autores e colaboradores diretos, não refletindo necessariamente a posição da Thomas Nelson Brasil, da HarperCollins Christian Publishing ou de sua equipe editorial.

Publisher	*Samuel Coto*
Editores	*André Lodos Tangerino,*
	Bruna Gomes
Tradutor	*Carlos Caldas, Elissamai Bauleo, Estevan Kirschner,*
	Francisco Nunes, Gabriele Greggersen, Giuliana Niedhardt
Preparação e revisão	*Francine Torres*
Diagramação	*Sonia Peticov*
Capa	*Rafael Brum*

DADOS INTERNACIONAIS DE CATALOGAÇÃO NA PUBLICAÇÃO (CIP)
(Benitez Catalogação Ass. Editorial, MS, Brasil)

L652p
    Lewis, C. S.
    Preparando-se para a Páscoa: cinquenta leituras devocionais de C. S. Lewis / C. S. Lewis; tradução de Francisco Nunes. — 1.ed. — Rio de Janeiro: Thomas Nelson Brasil, 2021.
    240 p.; 12 x 18 cm.

    Bibliografia.
    Tradução de: *Preparing for Easter*
    ISBN 978-65-56891-59-0

1. Devocional. 2. Liturgia. 3. Páscoa. 4. Ressurreição. I. Nunes, Francisco. II. Título.

12-2020/61   CDD: 242.36

Índice para catálogo sistemático:
1. Devocional: Liturgia: Páscoa   242.36

Bibliotecária responsável: Aline Graziele Benitez CRB-1/3129

Thomas Nelson Brasil é uma marca licenciada à Vida Melhor Editora LTDA.
Todos os direitos reservados à Vida Melhor Editora LTDA.
Rua da Quitanda, 86, sala 218 — Centro
Rio de Janeiro — RJ — CEP 20091-005
Tel.: (21) 3175-1030
www.thomasnelson.com.br

sumário

prefácio

As pessoas frequentemente descrevem C. S. Lewis como o maior apologista cristão do século 20. E Lewis claramente merece esse título, visto que ele estabeleceu o fundamento para muitos cristãos zelosos sobre a razão de a fé cristã não apenas permanecer intelectualmente confiável, mas também apresentou o melhor ponto de vista para ver e compreender nosso mundo hoje. Essa é certamente uma das principais razões para explicar o fenômeno muito estranho de um autor vender hoje muito mais exemplares de obras como *Cristianismo puro e simples*, *Cartas de um diabo a seu aprendiz*, *O grande divórcio* e *Os quatro amores* do que durante a própria vida. Já que a HarperCollins, a editora de Lewis nos Estados Unidos e no Reino Unido, está comemorando seu ducentésimo aniversário em 2017, podemos dizer muito confiantemente que a popularidade crescente e contínua de Lewis é realmente muito rara.

Mas ser um importante defensor cristão da fé não seria a única razão para explicar a popularidade póstuma de Lewis. Como Dietrich Bonhoeffer, seu contemporâneo, Lewis também foi um pioneiro na explicação da própria vida cristã. Na verdade, acredito que a apologética de Lewis é tão precisamente poderosa por muitos considerarem sua visão da vida cristã tão convincente e inspiradora.

É com este último papel de Lewis, como um profeta visionário a respeito de como seguir a Cristo hoje, que a presente coletânea se ocupa. Em muitas tradições cristãs, o período anterior à Páscoa é visto como um tempo de preparação espiritual para o dia em que celebraremos e receberemos o "grande milagre" que Cristo realizou por meio da cruz. Nesses dias de antecipação, frequentemente chamados de Quaresma, muitos cristãos escolhem a disciplina espiritual de ler um trabalho devocional todas as manhãs para ajudar a manter seu foco em Deus. Em *Preparando-se para a Páscoa*, reunimos cinquenta leituras de uma ampla gama de obras de Lewis, muitas das quais vêm de livros e ensaios que poucas pessoas encontram, mas que ainda incorporam a sabedoria característica do autor, exatamente para esse propósito.

Os textos selecionados chegam até nós graças ao olhar editorial habilidoso de Zachry Kincaid, o especialista de Lewis que edita o blog popular no site CSLewis.com. Esperamos que você goste dessas seleções e que elas o ajudem, como Lewis diria, a ir "mais para cima e mais para dentro" no mundo em que Deus nos convida a entrar.

MICHAEL G. MAUDLIN
Vice-presidente sênior e Editor executivo da HarperOne,
um selo da HarperCollins Publishers

semana

UM

APROXIMANDO-SE DE DEUS

LEITURA DAS ESCRITURAS
Mateus 11:27-30
Salmos 90:1-6

Os quatro amores
("Introdução")

Todo cristão concordaria que a saúde espiritual de uma pessoa é exatamente proporcional ao seu amor por Deus. Contudo, o amor de uma pessoa por Deus, a partir da própria natureza do caso, deverá ser sempre em grande medida e muito frequentemente um amor--Necessidade em sua totalidade. Isso é evidente quando imploramos pelo perdão de nossos pecados ou por sustento em nossas tribulações. No longo prazo, porém, isso se torna talvez ainda mais aparente em nossa crescente consciência — e ela deve ser crescente — de que todo o nosso ser é uma vasta necessidade por sua própria natureza; incompleta, preparatória, vazia ainda que desordenada, que clama por Ele, que é capaz de desatar aquilo que está com um amontoado de nós e de atar as coisas que ainda estejam desconectadas. Não digo que o ser humano nunca trará a Deus nenhuma coisa que não seja absoluto amor-Necessidade. Almas mais elevadas poderão falar em alcançar um patamar que esteja além disso, mas acredito que elas também seriam as primeiras a nos dizer que esses patamares deixariam de ser verdadeiras Graças, tornar-se-iam neoplatônicos ou, definitivamente, ilusões diabólicas no momento em que um homem se atrever a pensar que pode viver a partir delas e, depois disso, eliminar o elemento de necessidade.

"O mais elevado", diz a *Imitação de Cristo*, "não existe sem o apoio do inferior". Seria uma criatura ousada e tola aquela que vem diante de seu Criador ostentando-se: "Não sou pedinte. Eu o amo desinteressadamente". Aqueles que se aproximam mais de um amor-Dádiva por Deus no momento seguinte, ou até naquele mesmo momento, estarão batendo no peito com o publicano, admitindo sua indigência diante do único e verdadeiro Doador. E Deus desejará que isso seja assim. Ele fala de nosso amor-Necessidade: "Venham a mim, todos os que estão cansados e sobrecarregados", ou, no Antigo Testamento, "Abra a sua boca, e eu o alimentarei". Assim, um amor-Necessidade, o maior de todos, ou coincide com ou ao menos faz um ingrediente principal na mais elevada, saudável e realista condição espiritual humana. Uma inferência muito estranha vem em seguida. O ser humano se aproxima mais de Deus quando está de certo modo menos semelhante a ele, pois o que pode ser mais contrastante que plenitude e necessidade, soberania e humildade, retidão e penitência, poder ilimitado e um grito por socorro? Esse paradoxo me deixou perplexo quando o encontrei pela primeira vez; também arruinou todas as minhas tentativas anteriores de escrever sobre o amor. Quando o enfrentamos, algo assim parece ser o resultado.

Precisamos distinguir entre duas coisas que poderiam ser possivelmente chamadas de "proximidade de Deus". Uma é a semelhança de Deus, o qual imprimiu algum tipo de semelhança consigo, suponho, em tudo o que fez. Espaço e tempo, à sua própria maneira, refletem sua grandeza; toda vida, sua fecundidade; a vida animal, sua atividade. Por ser racional, o ser humano possui uma semelhança mais importante que os animais. Os anjos, acreditamos, têm uma semelhança que o ser humano não tem; imortalidade e conhecimento intuitivo. Desse modo, todos os seres humanos, bons ou maus, todos os anjos, inclusive os que caíram, são mais semelhantes a Deus do que os animais. Suas naturezas são, nesse sentido, "mais próximas" à natureza divina, mas, em segundo lugar, existe aquilo que poderíamos denominar proximidade de abordagem. Se isso é o que queremos dizer, os estados em que um ser humano está "mais próximo" de Deus são aqueles nos quais ele mais certa e rapidamente se aproxima de uma união final com ele, da visão dele e da satisfação nele. E tão logo distinguimos entre proximidade e semelhança e entre proximidade e abordagem, vemos que essas duas não necessariamente coincidem. Poderão ou não coincidir.

Talvez uma analogia possa ajudar. Suponha que estejamos em uma caminhada pelas montanhas até a cidadezinha onde moramos. Ao meio-dia, chegamos ao topo de uma colina onde estaremos, em termos absolutos de distância, muito próximos de nossa cidade, que fica logo abaixo de nós. Poderíamos jogar uma pedra que a alcançaríamos, mas, por não sermos alpinistas, não conseguimos descer até ela. Temos de percorrer um longo caminho ao redor; talvez uns sete quilômetros. Durante essa volta, poderemos estar, em termos absolutos, mais distantes da cidadezinha do que estávamos quando nos sentamos acima do paredão de rochas. Mas apenas em termos absolutos. Em termos de progresso, estaremos muito mais "perto" de nossos banhos e chás.

Uma vez que Deus é bendito, onipotente, soberano e criativo, existe obviamente um sentido em que felicidade, força, liberdade e fertilidade (seja da mente ou do corpo), sempre que aparecerem na vida humana, constituem a semelhança e, desse modo, as proximidades de Deus. Entretanto, ninguém supõe que possuir essas dádivas tenha qualquer conexão necessária com a nossa santifi- cação. Nenhum tipo de riqueza é um passaporte para o Reino dos Céus.

No alto do paredão estamos próximos de nossa cidade, mas, independentemente de quanto tempo estivemos sentados ali, nunca estaremos mais próximos de nossos banhos e chás. Assim, a semelhança, e neste sentido a proximidade de Deus, que ele conferiu a certas criaturas e a certos estados dessas criaturas, é algo completo, embu- tido nelas. Aquilo que estiver próximo de Deus em razão da semelhança de Deus nunca estará, unicamente por essa razão, mais próximo de Deus. Mas a proximidade por abordagem é, por definição, aproximação ampliada, e sempre que a semelhança nos é concedida — pode ser recebida com ou sem gratidão, ser usada ou abusada —, a abordagem a Deus, mesmo tendo sido iniciada e apoiada pela graça, é algo que precisamos fazer. As criaturas são feitas à imagem de Deus, de modos variáveis, sem sua própria colaboração ou seu consentimento. Não é que elas se tornam filhos de Deus. A semelhança que recebem por meio da filiação não é aquela das imagens ou dos retratos. De certa forma, é mais do que semelhança, por ser uníssona ou unida com Deus na vontade; e isso é coerente com todas as diferenças que temos considerado até aqui. Portanto, como um melhor escritor do que eu já disse, nossa imitação de Deus nesta vida — ou seja, nossa imitação deliberada, que é distinta de nossa semelhança que Deus imprimiu sobre nossas naturezas e nossos estados — deve ser uma imitação do Deus encarnado. Nosso modelo é o Jesus não apenas do Calvário, mas da carpintaria, das estradas, das multidões, das demandas estridentes e das oposições ásperas, da falta de toda tranquilidade e privacidade, e das interrupções constantes. Pois isso, tão estranhamente distinto de qualquer coisa que possamos atribuir à vida Divina em si, é aparentemente não apenas como, mas é a própria vida Divina operando sob condições humanas.

RECEBENDO A GLÓRIA

LEITURA DAS ESCRITURAS

Romanos 8:22-27

Salmos 1:1-3

Milagres

("O grande milagre")

E m primeiro lugar, perguntamos como a Natureza criada por um Deus bom veio a estar nessa condição. Com isso, queremos perguntar como ela se tornou imperfeita — deixando "espaço para melhorias", como os professores dizem em seus relatórios — ou, então, como ela se tornou positivamente depravada. Se fizermos a pergunta no primeiro sentido, a resposta cristã (eu penso) é que Deus, desde o início, a criou de modo a alcançar sua perfeição por um processo no tempo. Ele fez uma Terra a princípio "sem forma e vazia"[1] e a levou gradualmente à perfeição. Nisso, como em outros lugares, vemos o padrão familiar: o descer de Deus para a Terra sem forma e o reascender daquela que é sem forma em Terra consumada. Nesse sentido, certo grau de "evolucionismo" ou "desenvolvimentismo" é inerente ao cristianismo. Isso quanto à imperfeição da Natureza; sua franca depravação exige uma explicação muito diferente. Segundo os cristãos, tudo isso se deve ao pecado: o pecado tanto dos homens quanto dos seres poderosos e não humanos, sobrenaturais, mas criados. A impopularidade dessa doutrina surge do amplamente espalhado Naturalismo de nossa época — a crença de que nada além da natureza existe e que, se algo mais houver, é protegido por uma Linha Maginot[2] — e desaparecerá à medida que esse erro for corrigido. De certo, a inquisição mórbida sobre esses seres que levaram nossos ancestrais a uma pseudo-ciência da Demonologia deve ser severamente desenco-rajada: nossa atitude deve ser a do cidadão sensato em tempos de guerra que acredita que há espiões inimigos em nosso meio, mas não acredita em quase nenhuma história de espiões em particular. Devemos nos limitar à afirmação geral de que os seres de uma "Natureza" dife-rente e superior, que está *parcialmente* interligada com a nossa, como homens, caíram e mexeram indevidamente com coisas dentro de nossas fronteiras. A doutrina, além de provar-se frutífera do bem na vida espiritual de cada homem, ajuda a proteger-nos de visões superficialmente otimistas ou pessimistas da natureza. Chamá-la de "bem" ou "mal" é filosofia de meninos. Nós nos encon-tramos em um mundo de prazeres arrebatadores, belezas encantadoras e possibilidades tentadoras, mas todos são constantemente destruídos, todos vão dar em nada. A Natureza tem todo o ar de uma coisa boa estragada.

O pecado, tanto dos homens como dos anjos, foi possibilitado pelo fato de que Deus lhes deu livre--arbítrio; entregou assim uma porção de sua onipotência (é novamente um movimento semelhante à morte ou ao descer) porque ele viu que, a partir de um mundo de criaturas livres, embora caídas, poderia produzir (e isso é o reascender) uma felicidade mais profunda e um esplendor mais pleno do que qualquer mundo de autô-matos admitiria.

Outra questão que surge é a seguinte: se a redenção do Homem é o começo da redenção da Natureza como um todo, devemos, então, concluir que o Homem é a coisa mais importante da Natureza? Se eu tivesse de responder afirmativamente a essa pergunta, eu não ficaria envergonhado. Supondo que o Homem seja o único animal racional do universo, então (como foi mostrado) seu pequeno tamanho e o pequeno tamanho do globo em que ele habita não tornariam ridículo considerá-lo o herói do drama cósmico — afinal de contas, Jack é o menor personagem de *Jack, o caçador de gigantes*. Também não acho nem de longe improvável que o Homem seja de fato a única criatura racional nessa Natureza espaço-temporal. Esse é exatamente o tipo de preeminência solitária — apenas a desproporção entre imagem e moldura — que tudo o que sei da "Seletividade" da Natureza me levaria a antecipar. Mas não preciso assumir que ele realmente exista. Que o Homem seja apenas um dentre uma miríade de espécies racionais, e que ele seja a única espécie que caiu. Pelo fato de que ele caiu, para ele Deus faz a grande ação; assim como na parábola, é aquela ovelha perdida por quem o pastor procura.[3] Que a preeminência ou a solidão do Homem não seja resultado de superioridade, mas de miséria e maldade; então, mais ainda, o Homem será a própria espécie sobre a qual a Misericórdia descerá. Por esse pródigo, o bezerro gordo, ou, para falar mais adequadamente, o Cordeiro eterno, é morto.[4] Mas, uma vez que o Filho de Deus, atraído até aqui não por nossos méritos, mas por nossa indignidade, tenha assumido a natureza humana, então, nossa espécie (o que quer que ela tenha sido antes) se torna, em certo sentido, o fato central em toda a Natureza: nossa espécie, erguendo-se após seu longo declínio, arrastará toda a Natureza consigo, porque em nossa espécie o Senhor da Natureza está agora incluído.

E seria tudo parte do que já sabemos se noventa e nove raças justas que habitam planetas distantes que circundam sóis distantes, e que não precisam de redenção por causa de seus próprios méritos, foram refeitas e glorificadas pela glória que desceu em nossa raça. Pois Deus não está meramente reparando, não está simplesmente restaurando um *status quo*. A humanidade redimida deve ser algo mais glorioso do que a humanidade não caída teria sido, mais gloriosa do que qualquer raça não caída agora é (se nesse momento o céu noturno oculta alguma dessas). Quanto maior o pecado, maior a misericórdia: quanto mais profunda a morte, mais brilhante o renascimento. E essa glória superadicionada exaltará, com verdadeira vicariedade, todas as criaturas e aqueles que nunca caíram bendirão a queda de Adão.

SOBRE A PERFEIÇÃO

LEITURA DAS ESCRITURAS
Mateus 5:43-48
Salmos 19:1-8

Cristianismo puro e simples
("Avaliando os custos")

Na minha infância, eu tinha frequentes dores de dente e sabia que, se fosse procurar a ajuda de minha mãe, ela me daria algo para aliviar temporariamente a dor e que me permitiria dormir. Mas eu não procurava minha mãe — pelo menos, não enquanto a dor não ficasse insuportável. E a razão para não ir a ela era que eu sabia que ela me daria uma aspirina, mas, no dia seguinte, iria receber algo mais: ela me levaria ao dentista. Eu não poderia obter dela o que eu desejava sem esse algo mais que eu não desejava. Eu desejava alívio imediato do meu sofrimento, mas não poderia obtê-lo sem ter meus dentes tratados de forma integral. Eu conhecia o dentista e sabia que ele mexeria em todos os outros dentes que ainda nem tinham começado a doer. Ele não deixaria de cutucar a onça com vara curta, e, se você dá uma mão, ele quer o braço todo.

Agora, se eu puder colocar desta maneira, nosso Senhor atua como os dentistas o fazem. Se você der uma mão, ele vai querer o braço todo. Dezenas de pessoas o procuram para serem curadas de algum pecado particular do qual elas sentem vergonha (como a masturbação ou a covardia física) ou que está obviamente pondo em risco o bom convívio (como o temperamento difícil ou a embriaguez). Bem, ele vai curá-lo, tudo certo, mas não vai parar por aí. Isso pode ser tudo o que você queria; mas, uma vez que você o convida a entrar, ele lhe dará o tratamento completo.

Eis por que ele alertou algumas pessoas a "avaliarem o custo" antes de se tornarem cristãs. "Não se iluda", diz ele, "se você permitir, eu vou torná-lo perfeito. A partir do momento em que você se colocar em minhas mãos, é nisso que você estará se metendo. Nem mais, nem menos que isso. Você é dotado de livre-arbítrio e, se preferir, pode me repudiar; mas, se não me repudiar, entenda que vou levar a coisa até o fim. Independentemente do sofrimento que isso possa lhe custar na sua vida terrena, seja qual for o tipo de purificação que isso lhe custe depois da morte, seja qual for o custo para mim, não vou descansar enquanto você não for literalmente perfeito — enquanto meu Pai não puder dizer, sem reservas, que ele está satisfeito com você, da mesma forma que ele disse que estava satisfeito comigo. É isso que eu sou capaz de fazer e é o que eu vou fazer, mas não vou fazer nada menos do que isso".

E ainda assim — este é o outro lado da questão, porém não menos importante — esse Ajudador, que não se satisfará com nada menos do que a perfeição absoluta, também ficará encantado com o primeiro, o menor e o mais relutante esforço que você fizer para cumprir com o seu dever mais simples. "Todo pai fica encantado em ver as primeiras tentativas do bebê de andar, e nenhum dos pais ficaria satisfeito com menos do que um andar firme, livre e masculino no filho adulto" — afirmou um grande escritor cristão (George MacDonald). Da mesma forma, de acordo com ele: "É fácil agradar a Deus, mas satisfazê-lo é bem difícil".

O resultado prático é o seguinte: por um lado, a demanda de Deus por perfeição não precisa desmotivá-lo nem um pouco nas suas atuais tentativas de ser bom, nem mesmo em suas constantes falhas. Toda vez que você cai, ele o levanta novamente e sabe perfeitamente bem que seus próprios esforços nunca vão deixá-lo chegar nem perto da perfeição. Por outro lado, você terá de se dar conta desde já de que o objetivo em direção ao qual ele inicialmente o conduz é a perfeição absoluta, e nenhum poder em todo o universo, além de você mesmo, pode impedir Deus de conduzi-lo a esse objetivo. É nisso que você está engajado, e é muito importante que se dê conta disso. Se não o fizer, então é muito provável que chegue ao ponto de começar a repudiá-lo e resistir a ele. Penso que muitos de nós estamos inclinados a ter a sensação (mesmo sem expressá-la em palavras) de que chega uma hora em que já somos bons o bastante, assim que Cristo nos tenha capacitado para vencer um ou dois daqueles pecados mais inconvenientes e evidentes. Ele já terá feito tudo o que queríamos que ele fizesse, e, agora, ficaríamos gratos se ele nos deixasse em paz. Como costumamos dizer: "Nunca quis ser santo, apenas um sujeito normal e decente". E imaginamos que, ao dizer isso, estejamos sendo humildes.

Contudo, este engano pode nos custar muito caro. É claro que nunca desejamos nem pedimos para ser o tipo de criatura em que ele está nos tornando, mas a questão não é o que nós pretendemos ser, mas o que ele pretendeu que fôssemos quando nos criou. Ele é o inventor, e nós, a máquina; ele é o pintor, e nós, a pintura. Como poderíamos saber como ele quer que sejamos? Veja bem, ele já nos fez ser muito diferentes do que éramos. Há muito tempo, antes de termos nascido, quando estávamos no ventre das nossas mães, passamos por vários estágios. Outrora éramos mais como vegetais, e depois como peixes; foi apenas em um estágio posterior que nos tornamos bebês humanos. E, se estivéssemos conscientes naqueles estágios anteriores, ouso dizer que teríamos nos contentado em permanecer vegetais ou peixes — não teríamos desejado nos tornar bebês. Mas Deus conhecia seu plano para nós o tempo todo e estava determinado a executá-lo. Algo parecido com isso está acontecendo agora em um nível superior. É possível que nos contentemos em permanecer "pessoas comuns", mas ele está determinado a executar um plano bem diferente. Recuar diante desse plano não é humildade, mas sim preguiça e covardia, e submeter-se a ele não é presunção ou megalomania, é simples obediência.

REGOZIJANDO-SE NO JUÍZO

LEITURA DAS ESCRITURAS
Mateus 25:31-46
Salmos 67:1-7

Lendo os Salmos
("O 'juízo' no livro de Salmos")

S e há algum pensamento que faz um cristão tremer, é o pensamento sobre o "juízo" de Deus. O "Dia" do Juízo é "aquele dia da ira, aquele dia terrível".[5] Oramos para que Deus nos livre "à hora da morte e no dia do juízo".[6] Durante séculos, a arte e a literatura cristãs descreveram seus terrores. Essa nota no cristianismo certamente remonta ao ensino do próprio Nosso Senhor, especialmente à terrível Parábola das Ovelhas e dos Bodes.[7] Ela não pode deixar nenhuma consciência intocada, pois ali os "Bodes" são inteiramente condenados por seus pecados de omissão; como se para nos certificarmos de que a mais pesada acusação contra cada um de nós recai não sobre as coisas que fizemos, mas sobre aquelas que nunca fizemos — talvez nunca tenhamos sonhado em fazer.

Portanto, foi com grande surpresa que percebi, pela primeira vez, como os Salmistas falam sobre os juízos de Deus. Eles falam assim: "Exultem e cantem de alegria as nações, pois governas os povos com justiça" (Salmos 67·4); "Regozijem-se os campos [...] Cantem de alegria todas as árvores da floresta, cantem diante do Senhor, porque ele vem, vem julgar a terra" (96:12,13). O julgamento é, aparentemente, uma ocasião de alegria universal. As pessoas pedem: "Senhor, meu Deus, tu és justo; faze-me justiça" (35:24).

A razão para isso logo se torna muito clara. Os antigos judeus, como nós, pensam no juízo de Deus em termos de um tribunal de justiça terreno. A diferença é que o cristão concebe o caso a ser julgado como um caso criminal com si mesmo no banco dos réus; o judeu o concebe como um caso civil, sendo ele mesmo o querelante. Aquele espera a absolvição, ou melhor, o perdão; este espera um triunfo ressonante com grandes danos. Portanto, este ora: "Defende a minha causa" ou: "Tire desforra por mim" (35:23). E embora, como eu disse um minuto atrás, Nosso Senhor, na Parábola das Ovelhas e dos Bodes, tenha pintado o quadro caracteristicamente cristão, em outro ocasião Ele é muito caracteristicamente judeu. Observe o que Nosso Senhor quer dizer com "um juiz injusto". Por essas palavras, a maioria de nós pensa em alguém como o juiz Jeffreys[8] ou nas criaturas que sentaram nos bancos dos tribunais alemães durante o regime nazista: alguém que intimida testemunhas e jurados a fim de condenar e depois punir selvagemente homens inocentes. Mais uma vez, estamos pensando em um julgamento criminal. Esperamos nunca comparecer no banco dos réus diante de um juiz como esse. Mas o Juiz Injusto da parábola é um personagem bem diferente. Não há perigo de comparecermos em seu tribunal contra a vontade: a dificuldade é a oposta — entrar nele. É claramente uma ação civil. A pobre mulher (Lucas 18:1-5) teve sua pequena faixa de terra — espaço para um chiqueiro ou um galinheiro — tirada dela por um vizinho mais rico e poderoso (hoje em dia seriam Planejadores Urbanos ou alguma outra "Instituição"). E se ela, sabendo que sua demanda é perfeitamente justa, porventura pudesse levá-la ao tribunal e fazer com que fosse julgada pelas leis do país, certamente teria aquela tira de terra de volta. Mas ninguém lhe dá ouvidos, ela não pode nem ao menos tentar. Não é de admirar que esteja ansiosa por "justiça".

Por trás disso está uma experiência antiga e de alcance quase mundial da qual fomos poupados. Na maioria dos lugares e das épocas, tem sido muito difícil para "pessoas humildes" fazerem com que seus casos sejam ouvidos. O juiz (e, sem dúvida, um ou dois de seus subordinados) tem de ser subornado. Se você não puder "molhar a mão" dele, seu caso nunca chegará aos tribunais. Nossos juízes não recebem suborno. (Provavelmente considera-ramos essa bênção como certa, mas ela não permanecerá conosco automaticamente.) Não precisamos, portanto, nos surpreender que os Salmos e os Profetas estejam cheios de anseio por juízo e justiça e considerem o anúncio de que o "julgamento" está chegando como uma boa notícia. Centenas e milhares de pessoas que foram roubadas de tudo o que possuem e que têm todo o direito a seu favor serão finalmente ouvidas. É claro que elas não têm medo de julgamento, pois sabem que seu caso é irre-futável — se tão somente for ouvido. Quando Deus vier julgar, finalmente isso ocorrerá.

Dezenas de passagens tornam esse ponto claro. No salmo 9, somos informados de que Deus "mesmo julga o mundo com justiça" (v. 8), e isso porque Ele "não ignora o clamor dos oprimidos" (v. 12). Ele é "defensor das viúvas" (68:5). O bom rei no salmo 72:2 julgará "com

retidão e com justiça" o povo; isto é, ele defenderá os oprimidos (v. 4). Quando Deus se levantar "para julgar", será
"para salvar todos os oprimidos da terra" (76:9), todas
as pessoas temerosas e indefesas cujas injustiças sofridas
nunca foram corrigidas. Quando Deus acusa os juízes
terrenos de não julgarem de modo justo, Ele prossegue
dizendo-lhes para manter "os direitos dos necessitados e
dos oprimidos" (82:2,3).

O juiz "justo", então, é principalmente aquele que
corrige erros em um caso civil. Ele, sem dúvida, também
julgaria um caso criminal com justiça, mas dificilmente é
isso que os Salmistas têm em mente. Os cristãos clamam a
Deus por misericórdia em vez de justiça; *eles* clamaram
a Deus por causa da justiça em vez de clamar por causa
da injustiça. O Juiz Divino é o defensor, o resgatador. Os
estudiosos me dizem que, no Livro dos Juízes, a palavra
que traduzimos por "juízes" poderia quase ser traduzida
por "campeões", pois, embora aqueles homens por vezes
desempenhassem o que chamaríamos de funções judi-
ciais, muitos deles estavam muito mais preocupados em
resgatar, pela força das armas, os oprimidos israelitas das
mãos de filisteus e outros. Eles são mais parecidos com
Jack, o matador de gigantes, do que com um juiz moderno
de peruca. Os cavaleiros em romances de cavalaria, que
saem por aí resgatando aflitas donzelas e viúvas do
poder de gigantes e de outros tiranos, estão agindo quase
como "juízes" no antigo sentido hebraico: assim também
é o advogado moderno (e eu conheci um desse tipo) que
trabalha sem pagamento para clientes pobres a fim de
salvá-los de alguma injustiça.

Acho que há boas razões para considerar a imagem cristã do juízo de Deus muito mais profunda e mais segura para nossa alma do que para os judeus. Mas isso não significa que a concepção judaica deva simplesmente ser jogada fora. Eu, pelo menos, acredito que ainda posso extrair bastante sustento disso.

Isso complementa a imagem cristã de um modo importante, pois o que nos assusta nela é a infinita pureza do padrão contra o qual nossas ações serão julgadas. Mas, então, sabemos que nenhum de nós jamais alcançará esse padrão. Estamos todos no mesmo barco. Devemos todos depositar nossas esperanças na misericórdia de Deus e na obra de Cristo, não em nossa própria bondade. Bem, a imagem judaica de uma ação civil nos lembra nitidamente de que talvez sejamos faltosos, não apenas pelo padrão Divino (que é uma questão de conduta), mas também por um padrão muito humano que todas as pessoas razoáveis admitem e que nós mesmos geralmente desejamos impor sobre os outros. É quase certo que existam reivindicações não satisfeitas, reivindicações humanas, contra cada um de nós. Pois quem pode realmente acreditar que em todas as suas relações com patrões e empregados, com marido ou mulher, com pais e filhos, em discórdias e em colaborações, tenha sempre se portado (não levando em consideração o que foi feito por caridade ou generosidade) com mera honestidade e justiça? Claro que esquecemos a maioria dos machucados que causamos. Mas os feridos não esquecem, mesmo que perdoem. E Deus não esquece. E mesmo o que podemos lembrar é terrível o suficiente. Poucos de nós sempre deram, na medida certa, aos alunos, pacientes ou clientes (ou qualquer que seja o nome de nossos "consumidores" específicos) aquilo pelo que estávamos sendo pagos. Nem sempre fazemos o que é nossa parte justa em algum trabalho cansativo se encontramos um colega ou parceiro que pode ser enganado e carregar o fardo pesado.

Nossas querelas fornecem um bom exemplo da maneira pela qual as concepções cristã e judaica diferem, embora ambas devam ser mantidas em mente. Como cristãos, devemos, é claro, nos arrepender de toda raiva, malícia e obstinação que permitiu que a discussão se tornasse, do nosso lado, uma querela. Mas há também a questão em um nível bem inferior: "Considerando que haja a querela (trataremos disso mais tarde), você lutou de forma justa?" Ou não falsificamos totalmente a questão sem saber? Fingimos estar irados com alguma coisa quando sabíamos, ou poderíamos saber, que nossa ira tinha uma causa diferente e muito menos apresentável? Fingimos estar "machucados" em nossos sensíveis e ternos sentimentos (natureza refinada como a nossa é tão vulnerável) quando a inveja, a vaidade insatisfeita ou a obstinação frustrada eram nosso verdadeiro problema? Essas táticas geralmente dão certo. A outra parte cede. Cede não porque não sabe o que realmente há de errado conosco, mas porque há muito sabe muito bem, e aquele cachorro adormecido pode ser despertado, aquele esqueleto, tirado de seu armário, apenas ao custo de comprometer todo seu relacionamento conosco. É preciso uma cirurgia que a outra parte sabe que nunca enfrentaremos. E assim nós vencemos; por trapacear. Mas a injustiça é sentida profundamente. Na verdade, o que é comumente chamado de "sensibilidade" é o motor mais poderoso da tirania doméstica, às vezes uma tirania vitalícia. Como devemos lidar com isso nos outros, não tenho certeza; mas devemos ser impiedosos com suas primeiras aparições em nós mesmos.

[1]Gênesis 1:1-2. [Todas as notas de rodapé são dos tradutores e editores]
[2]Enorme complexo de fortalezas militares interligadas, de cerca de 200 km de extensão, construída para proteger a França da invasão nazista. Seu nome vem de André Louis René Maginot, membro do Parlamento, lobista e Ministro da Guerra francês que a idealizou. A Linha Maginot, no entanto, foi facilmente derrotada quando os alemães, em lugar de enfrentá-la, contornaram-na, em 1940.
[3]Lucas 15:3-7.
[4]Referência a Lucas 15:21-24 e 1Pedro 1:19-20.
[5]Referência a Sofonias 1:14-18.
[6]*Livro de oração comum*, "Litania ou Súplica geral" (Igreja Episcopal do Brasil, 1950, p. 55).
[7]Mateus 25:31-46.
[8]George Jeffreys (1645?–1689), barão, juiz e Lorde Chanceler, embora protestante, presidiu as *BloodyAssizes* (as sangrentas sessões de um tribunal superior de um condado) de 1685, em que a impopular política religiosa do rei católico James II (1633–1701) foi executada. Sua reputação é de homem severo.

semana

DOIS

TORNANDO-SE UM SEGUIDOR DE DEUS

LEITURAS DAS ESCRITURAS
Filipenses 2:1-11
Salmos 18:6-11

Cristianismo puro e simples
("Os obstinados soldadinhos de chumbo")

O Filho de Deus se tornou homem para permitir aos homens se tornarem filhos de Deus. Nós não sabemos — em todo o caso, eu não sei — como as coisas poderiam ter sido se a humanidade nunca tivesse se rebelado contra Deus e aderido ao inimigo. Talvez toda pessoa vivesse "em Cristo" e partilhasse da vida do Filho de Deus desde o momento de seu nascimento. Quem sabe a vida que chamamos de *Bios*, ou vida natural, teria sido desenhada para dentro da vida que chamamos *Zoé*, a vida não criada, instantânea e imediatamente. Mas isso é pura especulação. Neste momento, você e eu estamos mais preocupados é com o funcionamento das coisas.

E o atual estado das coisas é o seguinte: no presente, os dois tipos de vida não são apenas diferentes (coisa que eles sempre teriam sido), mas, na verdade, opostos. A vida natural em cada um de nós é algo autocentrado, algo que deseja ser paparicado e admirado para tirar proveito de outras vidas e explorar o universo todo. E, especialmente, algo que deseja ser deixado por conta própria: manter-se longe de tudo que é melhor, mais forte ou mais elevado do que esse algo, qualquer coisa que possa fazê-lo se sentir pequeno. Tem medo da luz e do ar do mundo espiritual, da mesma forma que as pessoas que foram criadas na sujeira têm medo do banho. E, de certa forma, isso é assim mesmo, pois nossa vida natural sabe que, se a vida espiritual encontrá-la, todo egocentrismo e vontade própria serão mortos, e por isso vamos lutar com unhas e dentes para evitar que isso aconteça.

Será que você já pensou, quando criança, como seria divertido se os seus brinquedos ganhassem vida? Bem, suponha que você realmente conseguisse despertá-los para a vida. Imagine transformar um soldadinho de chumbo em um homenzinho real — isso significaria a transformação do chumbo em carne. E suponha que o soldadinho de chumbo não gostasse nada disso. Ele não está interessado em ser de carne, e tudo o que ele consegue enxergar é que o seu chumbo está sendo desintegrado. Ele pensará que você está matando-o e fará tudo o que puder para impedi-lo. Em outras palavras, se ele puder evitar, jamais se transformará num homem.

Não tenho como saber o que você teria feito com um soldadinho de chumbo desses, mas o que Deus fez conosco foi o seguinte: a Segunda Pessoa em Deus, o Filho, tornou-se homem: nasceu no mundo como um humano de verdade — um homem real, de certa estatura, com cabelos de uma cor específica, falando uma língua particular e tendo um peso específico. O Ser eterno, que sabe de tudo e que criou todo o universo, não só se tornou homem, mas (antes disso) se tornou um bebê, e, antes disso, um feto dentro do corpo de uma mulher. Se você quiser imaginar algo parecido, pense em como se sentiria caso se transformar em uma lesma ou um caranguejo.

O resultado disso foi que passou a existir um homem que era, de verdade, o que todos os outros seres humanos

pretendiam ser: um homem em quem a vida criada, derivada de sua mãe, passou a ser completa e perfeitamente
uma vida gerada. A criatura humana natural nele foi
completamente assumida pelo Filho divino. Assim, em
um caso particular, a humanidade chegou aonde deveria
chegar: passou a partilhar da vida de Cristo. E como
toda dificuldade para nós se resume no fato de que a
vida natural precisa, em certo sentido, ser "morta", ele
escolheu uma carreira terrena que significava o aniquilamento dos seus desejos humanos a todo o momento — a
pobreza, a falta de compreensão de sua própria família,
a traição da parte de um dos seus amigos mais íntimos,
a zombaria e o espancamento por parte das autoridades
militares e a execução pela tortura. E então, depois de ter
sido morto — em certo sentido, morto diariamente —, a
criatura humana nele, pelo fato de estar unida ao Filho
divino, retornou à vida. O que ressurgiu em Cristo foi o
homem, não apenas o Deus. Eis o resumo de tudo. Pela
primeira vez, vimos um homem real. Um soldadinho
de chumbo — chumbo de verdade, da mesma forma
que todo o resto — despertou completa e esplendidamente para a vida.

E aqui, como não poderia deixar de ser, chegamos ao
ponto em que a minha ilustração sobre o soldadinho de
chumbo se torna limitada. No caso de soldadinhos de
chumbo ou de estátuas de verdade, se uma despertasse
para a vida, certamente não faria diferença para os soldadinhos de chumbo ou para as estátuas, pois eles estão
separados uns dos outros. Mas os seres humanos não
estão separados. Até parece que eles estão, porque você

os vê andando por aí sozinhos. Acontece que somos feitos de tal forma que só podemos ver o momento presente. Se você pudesse enxergar o passado, certamente ele pareceria diferente. Pois houve um tempo em que todo homem era parte de sua mãe e (antes disso ainda) também de seu pai, e também um tempo em que ele era parte de seus avós. Se você pudesse ver a humanidade ao longo do tempo, assim como Deus a vê, não se pareceria com pontinhos isolados, espalhados por aí, mas sim como uma coisa única em franco crescimento — como uma árvore bastante complexa. Cada indivíduo apareceria conectado ao outro. E não é só isso: os indivíduos não estão realmente separados de Deus mais do que estão uns dos outros. Todos os homens, todas as mulheres e todas as crianças do mundo sentem e respiram neste momento porque Deus, por assim dizer, os "mantém em funcionamento".

Consequentemente, quando Cristo se tornou homem, não é realmente como se você pudesse se tornar um soldadinho de chumbo específico. É como se algo que sempre afetou toda a humanidade passasse a afetá-la de uma nova maneira. A partir desse ponto, o efeito se espalha por todo o gênero humano, e isso faz uma diferença tanto para pessoas que viveram antes de Cristo quanto para aquelas que viveram depois dele. E faz uma grande diferença até para pessoas que nunca ouviram falar dele. É como pingar em um copo de água uma gota de uma substância que dê um novo gosto ou uma nova cor a todo o seu conteúdo. Mas é claro que nenhuma dessas ilustrações se aplica com real perfeição. No longo prazo, Deus não é ninguém além dele mesmo, e o que ele faz não é comparável a nada. Você dificilmente esperaria que fosse diferente.

Qual é, então, a diferença que ele fez para afetar toda a humanidade? É a seguinte: que o negócio de se tornar filho de Deus, de ser transformado de uma coisa criada em uma gerada, de passar de uma vida biológica temporária para a vida "espiritual" eterna, isso foi realizado em nosso favor. A princípio, a humanidade já está "salva", e nós, indivíduos, temos de nos apropriar dessa salvação. Contudo, o trabalho realmente pesado — a porção que não poderíamos ter realizado por nós mesmos — foi feito para nós. Não tivemos de tentar escalar a vida espiritual por nosso próprio esforço; ela já desceu até a humanidade. Se ao menos nos abrirmos para o único homem em quem isso esteve inteiramente presente e que, embora seja Deus, também é um homem real, ele fará isso em nós e por nós. Lembre-se do que eu disse sobre o "bom contágio". Alguém da nossa própria espécie possui essa nova vida, então, se nos aproximarmos dele, ele vai nos contagiar.

É claro que você poderá expressar isso das mais diversas maneiras que puder imaginar. Poderá dizer que Cristo morreu por seus pecados, ou, então, que o Pai nos perdoou porque Cristo fez por nós o que deveríamos ter feito. Poderá dizer ainda que fomos lavados pelo sangue do Cordeiro ou que Cristo derrotou a morte. Tudo isso é verdade. Se quaisquer dessas afirmações não o convencerem, deixe-as de lado e vá em frente com a fórmula que convencer. E seja qual for a que você vá escolher, não brigue com os outros só porque usam uma fórmula diferente da sua.

O AMOR É TÃO ARDENTE QUANTO O FOGO

LEITURAS DAS ESCRITURAS
1João 4:7-16
Salmos 42:1-11

Poems
[Poemas]
"Love's as Warm as Tears"
[O amor é tão cálido quanto lágrimas]

O amor é tão cálido quanto lágrimas,
    O amor é lágrimas:
Pressão dentro do cérebro,
Tensão na garganta,
Dilúvio, semanas de chuva,
Montes de feno flutuando,
Mares sem traços característicos entre
Cercas vivas, onde antes havia verde.

O amor é tão ardente quanto o fogo,
    O amor é fogo:
Todos os tipos — calor infernal
Feito escória com ganância e orgulho,
Desejo lírico, direto e delicado,
Rindo, mesmo quando negado,
E aquela chama empírea
De onde vieram todos os amores.

O amor é tão novo quanto a primavera,
    O amor é primavera:
O canto dos pássaros pairava no ar,
Impudentes aromas em um bosque,
Sussurrando: "Ouse! Ouse!"
Para a seiva, para o sangue,
Dizendo: "Tranquilidade, segurança, descanso
São bons; não o melhor".

O amor é tão duro quanto pregos,
    O amor são pregos:
Contundentes, grossos, martelados
Pelos nervos mediais de Um
Que, tendo-nos feito, sabia
A coisa que Ele fez,
Vendo (com tudo o que significa)
Nossa cruz, e a Dele.[1]

O regresso do peregrino
("Sabedoria — Exotérica")

O que não satisfaz quando a encontramos não era a coisa que desejávamos. Se a água não reconforta o homem, então, certifique-se de que não era sede, ou não apenas sede, que o atormentava: ele queria embriaguez para curar sua estupidez, ou conversa para curar sua solidão etc. Como, de fato, conhecemos nossos desejos a não ser por meio de sua satisfação?

Quando os conhecemos senão quando dizemos: "Ah, era *isso* que eu queria"? E se houvesse algum desejo que fosse natural para o homem sentir, mas impossível para o homem satisfazer, a natureza desse desejo não permaneceria para ele sempre ambígua? Se as velhas histórias forem verdadeiras, se um homem sem despir-se da humanidade pudesse de fato cruzar as fronteiras de nosso país, se ele pudesse estar, e ainda ser um homem, naquele lendário Oriente e no lendário Ocidente, então, de fato, no momento da fruição, do levantar a taça, do assumir a coroa, do beijo do cônjuge —, então, ao olhar para trás, pela primeira vez os longos caminhos do desejo que ele havia trilhado ficariam claros em todos os seus meandros, e quando ele encontrasse, ele saberia o que havia procurado. Estou velho e cheio de lágrimas, e vejo que você também começa a sentir a dor que nasce conosco. Abandone a esperança: não abandone o desejo.

Não se surpreenda que esses vislumbres de sua Ilha se confundam tão facilmente com coisas mais vis e sejam blasfemados tão facilmente. Acima de tudo, nunca tente mantê-los ou revisitar o mesmo lugar ou a mesma época em que a visão lhe foi concedida. Você pagará a pena de todos aqueles que se comprometem com um lugar ou tempo dentro de nosso país o qual não pode ser contido por nosso país. Você não ouviu dos Mordomos sobre o pecado da idolatria, e como, em suas antigas crônicas, o maná se transformava em vermes se alguém tentava acumulá-lo? Não seja ganancioso, não seja apaixonado; você apenas esmagará em seu próprio peito com mãos quentes e ásperas aquilo que amava. Mas, se em algum momento você tiver a tendência de duvidar de que aquilo que deseja é algo real, lembre-se do que sua própria experiência lhe ensinou. Pense que isso é um *sentimento* e, ao mesmo tempo, que o sentimento não tem valor. Fique de sentinela em sua própria mente, observando esse sentimento, e você encontrará — o que devo dizer? — um alvoroço no coração, uma imagem na cabeça, um soluço na garganta: e era *isso* o seu desejo? Você sabe que não era, e que nenhum sentimento vai apaziguá-lo, esse *sentimento* (refine-o o quanto quiser) é apenas mais um pretendente espúrio — espúrio como as luxúrias grosseiras de que fala o gigante. Concluamos, então, que o que você deseja não é uma condição propriamente sua, mas algo, por isso mesmo, Outro e Externo. E, sabendo disso, você achará tolerável a verdade de que não pode alcançá-lo. Que a coisa deva *ser* é um bem tão grande que, quando você se lembrar de que "ela é", se esquecerá de lamentar que poderá nunca a possuir. Não, qualquer coisa que você pudesse ter seria tão menos do que ela que sua fruição estaria incomensuravelmente abaixo da mera fome por ela. Querer é melhor do que ter. A glória de qualquer mundo em que você possa viver está na aparência final: quando isso ocorre, então, como um de meus filhos disse, isso deixa o mundo ainda mais glorioso.

ABANDONANDO O MEDO

LEITURAS DAS ESCRITURAS
1Coríntios 1:26-31
Salmos 97:1-7

Deus no banco dos réus
("O dogma e o universo")

Não. Não é o cristianismo que precisa temer o imenso universo. Quem deve temê-lo são os sistemas que colocam todo o significado de existir na evolução social ou biológica de nosso próprio planeta. O evolucionista criativo, bergsoniano ou *shaviano*, ou o evolucionista comunista é quem deve tremer ao contemplar o céu à noite. Ele está, na realidade, comprometido com um navio naufragante. Ele está tentando ignorar a natureza descoberta das coisas, como se, ao se concentrar na tendência possivelmente ascendente de um único planeta, ele conseguisse se esquecer da tendência descendente inevitável do universo como um todo, da tendência a baixas temperaturas e da desorganização irrevogável. Afinal, a entropia é a verdadeira onda cósmica, e a evolução, apenas uma ondulação telúrica momentânea dentro dela.

Por esses motivos, portanto, proponho que nós cristãos tenhamos tão pouco a temer quanto qualquer outro com relação ao conhecimento adquirido. Porém, conforme afirmei no começo, esta não é a resposta fundamental. As infindáveis flutuações da teoria científica que hoje nos parecem tão mais amistosas do que no século passado podem se voltar contra nós amanhã. A resposta básica reside em outro lugar.

Permita-me lembrá-lo da pergunta a que estamos tentando responder: como um sistema imutável pode sobreviver ao aumento contínuo de conhecimento? Ora, em determinados casos, sabemos muito bem como isso pode acontecer. Um acadêmico maduro que lê um trecho importante de Platão, absorvendo de relance a metafísica, a beleza literária e o lugar de ambas na história da Europa, ocupa uma posição muito diferente de um garoto que ainda está aprendendo o alfabeto grego. Não obstante, é por intermédio desse sistema imutável do alfabeto que toda aquela vasta atividade mental e emocional acontece. Esse sistema não foi destruído pelo novo conhecimento. Não se tornou antiquado. Caso fosse alterado, tudo seria o caos. Um grande estadista cristão ponderando sobre a moralidade de uma medida que afetará milhões de vidas e que envolve considerações econômicas, geográficas e políticas de extrema complexidade ocupa uma posição diferente de um garoto que está aprendendo pela primeira vez que não se deve enganar, mentir ou machucar pessoas inocentes. Contudo, somente à medida em que este primeiro conhecimento dos grandes fundamentos morais sobrevive intacto no estadista é que sua deliberação pode ser moral. Se isso se esvai, não há progresso, mas mera mudança. Afinal de contas, mudança não é progresso a menos que a essência permaneça inalterada. Um pequeno carvalho torna-se um grande carvalho; caso se tornasse uma faia, não seria crescimento, apenas mudança. Há uma grande diferença entre contar maçãs e deduzir as fórmulas matemáticas da física moderna.

Todavia, a tabela de multiplicação é utilizada em ambas as situações e não se torna obsoleta.

Em outras palavras, onde quer que haja verdadeiro progresso no conhecimento, há determinada porção deste que não é substituída. Com efeito, a própria possibilidade de progresso requer que haja um elemento imutável. Garrafa nova para vinho novo, tudo bem; mas paladar novo, garganta nova e estômago novo, não — ou o vinho nem sequer seria "vinho" para nós. Em minha opinião, todos poderíamos encontrar esse tipo de elemento imutável nas regras simples da matemática. A estas, eu acrescentaria os princípios básicos da moralidade. E também adicionaria as doutrinas fundamentais do cristianismo. A fim de empregar uma linguagem mais técnica, digo que as declarações históricas positivas feitas pelo cristianismo têm o poder — encontrado em outros lugares sobretudo em princípios formais — de receber, sem alteração intrínseca, a crescente complexidade de sentido que o aumento de conhecimento traz.

Por exemplo, pode ser verdade (embora eu não suponha que seja, sequer por um momento) que, ao afirmar que "ele desceu do céu", os escritores do Credo Niceno tivessem em mente um movimento literal de um céu físico para a superfície da Terra — como uma descida de paraquedas. Desde então, outros talvez tenham descartado a ideia de que esse céu fosse espacial. Mesmo assim, nem a relevância, nem a credibilidade do que é afirmado parecem ser minimamente afetadas pela mudança. Em cada um dos pontos de vista, trata-se de algo milagroso: em cada um deles, as imagens mentais que acompanham o ato de crer não são essenciais. Quando um convertido na África central e um especialista na rua Harley[2] afirmam que Cristo ressuscitou dentre os mortos, há, sem dúvida, uma grande diferença em seus modos de pensar. Para um, a simples imagem de um corpo se levantando basta; o outro talvez imagine uma série de processos bioquímicos e até físicos funcionando de trás para frente. O médico sabe que, em sua experiência, tais processos nunca acontecem de trás para frente; já o africano sabe que defuntos não se levantam e andam. Ambos são confrontados com um milagre e ambos sabem disso. Caso considerem os milagres impossíveis, a única diferença é que o médico explicará a impossibilidade em muito mais detalhes, adicionando floreios elaborados à simples declaração de que mortos não andam. Caso acreditem em sua possibilidade, tudo o que o médico disser apenas esmiuçará e esclarecerá as palavras: "Ele ressuscitou". Quando o autor de Gênesis diz que Deus fez o homem à própria imagem, ele talvez tenha imaginado um Deus vagamente corpóreo criando o homem tal qual uma criança molda um boneco de massinha. Um filósofo cristão moderno talvez imagine o ato mencionado na Bíblia como um processo que dura desde a primeira criação da matéria até a última aparição de um organismo apto a receber vida espiritual e biológica neste planeta. Ambos, entretanto, querem dizer essencialmente a mesma coisa. E ambos estão negando a mesma coisa: a doutrina de que a matéria, por meio de algum poder oculto inerente, produziu a espiritualidade.

A ALEGRIA DE GÊNESIS

LEITURA DAS ESCRITURAS
Hebreus 12:1-13
Salmos 31:21-24

Perelandra
(Capítulo 11)

Na Trilogia Cósmica, *Lewis explora a soberania de Deus sobre todo o universo.*

Qual era o sentido de arranjar as coisas de forma que qualquer coisa importante devesse final e absolutamente depender de um espantalho como ele? E, naquele momento, na Terra distante, como ele não conseguia deixar de lembrar, os homens estavam em guerra, e subalternos de cara branca e corpos sardentos que apenas recentemente haviam começado a se barbear estavam em fendas horríveis ou se arrastavam adiante em escuridão mortal, despertando, como ele, para a verdade absurda de que realmente tudo dependia de suas ações; e distante no tempo, Horácio estava sobre a ponte, e Constantino decidia se abraçaria ou não a nova religião; Eva contemplava o fruto proibido, e o Céu dos Céus aguardava sua decisão. Ele se contorceu e rangeu os dentes, mas não podia deixar de ver. Dessa maneira, e não de outra, o mundo era feito. Ou alguma coisa ou nada devia depender de escolhas individuais. E se fosse alguma coisa, quem poderia delimitá-la? Uma pedra pode determinar o curso de um rio. Ele era a pedra naquele terrível momento que havia se tornado o centro de todo o universo. Os *eldila* de todos os mundos, os organismos imaculados de luz perpétua, estavam silenciosos no Céu Profundo para ver o que Elwin Ransom de Cambridge faria.

Então veio um alívio abençoado. De repente ele percebeu que não sabia o que *podia* fazer. Ele quase riu de alegria. Todo esse horror havia sido prematuro. Nenhuma tarefa definida estava diante dele. Tudo o que se estava exigindo dele era uma resolução geral e preliminar de se opor ao Inimigo da forma como as circunstâncias mostrassem necessário: na verdade — e ele voou de volta às palavras reconfortantes como uma criança voa para os braços de sua mãe — "fazer o seu melhor" — ou, mais, continuar fazendo o seu melhor, pois ele realmente tinha feito isso o tempo todo. "A gente faz as coisas virarem cada bicho-papão à toa!", ele murmurou, colocando-se numa posição ligeiramente mais confortável. Uma inundação suave do que lhe parecia ser uma misericórdia alegre e racional cresceu e o engolfou.

Meu Deus! O que era tudo aquilo? Ele se sentou em postura ereta novamente, seu coração batendo ferozmente dentro do peito. Seus pensamentos tinham tropeçado em uma ideia da qual se afastaram como um homem se afasta quando toca em metal quente. Mas, dessa vez, a ideia era realmente infantil demais para levar a sério. Dessa vez *tinha* que ser um engano, surgido de sua própria mente. Parecia-lhe lógico que uma peleja com o Diabo significava a noção de um combate físico serviria apenas a um selvagem.

A PROMESSA DE RENASCIMENTO

LEITURA DAS ESCRITURAS
1Pedro 3:18-22
Salmos 33:13-22

Milagres
("O grande milagre")

Na história cristã, Deus desce para reascender. Ele desceu; desceu das alturas do ser absoluto para o tempo e o espaço, desceu à humanidade; desceu ainda mais, se os embriologistas estiverem certos, recapitulando no ventre as fases antiga e pré-humana da vida; desceu até as próprias raízes e ao fundo do mar da Natureza que ele criou. Mas ele desceu para subir de novo e levar consigo todo o mundo em ruínas. Pode-se imaginar um homem forte, curvando-se cada vez mais, inclinando-se para baixo, a fim de colocar-se sob um fardo muito complicado. Ele deve-se inclinar a fim de erguer-se, ele deve quase desaparecer sob a carga antes de endireitar inacreditavelmente as costas e pôr-se em marcha com todo aquele grande volume balançando nos ombros. Ou pode-se pensar em um mergulhador, primeiro se reduzindo à nudez, depois olhando para um ponto distante, em seguida, espirrando água para os lados, e mergulha, desaparecendo, avançando da água límpida e quente para a água escura e fria, avançando pela pressão crescente para aquela região que é como a morte, uma região de limo e lodo e antigas ruínas; depois, sobe de volta à cor e à luz, com os pulmões quase estourando, até que, de repente, ele rompe a superfície uma vez, segurando na mão a coisa gotejante e preciosa que ele desceu para recuperar. Ele e ela têm cor agora que subiram à luz; lá embaixo, nas trevas, onde ela era incolor, ele também havia perdido a cor.

Nesse descer e reascender, todos reconhecerão um padrão familiar: algo escrito por todo o mundo. É o padrão de toda vida vegetal. Ela deve reduzir-se a algo duro, pequeno e, como morto, deve cair no chão: daí a nova vida se reascende. É o padrão de toda a geração animal também. Há uma descida dos organismos completos e perfeitos para o espermatozoide e o óvulo, e no útero escuro há uma vida em princípio inferior à da espécie que está sendo reproduzida; a seguir, a lenta ascensão ao embrião perfeito, ao bebê vivo e consciente e, finalmente, ao adulto. O mesmo acontece em nossa vida moral e emocional. Os primeiros desejos inocentes e espontâneos têm de se submeter ao processo como o da morte de controle ou negação total, mas a partir daí existe uma ascensão ao caráter totalmente formado, no qual toda a força do material original opera, mas de uma nova maneira. Morte e Renascimento — descer para subir — são um princípio fundamental. Por meio dessa passagem estreita, desse apequenar-se, quase sempre a estrada é encontrada.

A doutrina da Encarnação, se aceita, coloca esse princípio ainda mais enfaticamente no centro. O padrão existe na Natureza porque esteve primeiramente em Deus. Todos os exemplos que mencionei não passam de transposições do tema Divino em uma escala menor. Agora não estou me referindo simplesmente à Crucificação e à Ressurreição de Cristo. O padrão total, do qual esses fatos são apenas o ponto de virada, é a verdadeira Morte e o verdadeiro Renascimento: certamente nenhuma semente jamais caiu de uma árvore tão bela em um solo tão escuro e frio de modo a fornecer mais do que uma pífia analogia a essa enorme descida e reascensão em que Deus dragou o fundo salgado e limoso da Criação.

Deste ponto de vista, a doutrina cristã se sente tão rapidamente à vontade em meio às apreensões mais profundas da realidade que temos vindas de outras fontes, que a dúvida pode surgir em uma nova direção. "Não está ela se adequando bem demais? Tão bem que deve ter entrado na mente dos homens quando viram esse padrão em outro lugar, particularmente na morte e na ressurreição anual do trigo?" Pois, é claro, tem havido muitas religiões nas quais esse drama anual (tão importante para a vida da tribo) era quase que reconhecidamente o tema central, e a divindade — Adônis, Osíris[3] ou outra — quase indiscutivelmente uma personificação do trigo, um "rei do trigo" que morria e ressuscitava a cada ano. Cristo não é simplesmente outro rei do trigo?

A BELEZA
DOS MITOS

LEITURA DAS ESCRITURAS
João 1:1-14
Salmos 34:1-14

Sobre histórias
("'O senhor dos anéis', de Tolkien")

Quando o professor Tolkien começou, provavelmente não havia fissão nuclear, e a encarnação contemporânea de Mordor era um bom negócio mais perto da costa de nosso país. Mas o próprio texto nos ensina que Sauron é eterno; a guerra do Anel é apenas uma das mil guerras contra ele. Todas as vezes devemos ser sábios por temer sua vitória final, após a qual "não haverá mais canções". De vez em quando, teremos boas provas de que "o vento se põe no Leste, e pode estar se aproximando a hora em que mirrarão todas as matas". Cada vez que vencermos, saberemos que nossa vitória é temporária. Se insistirmos em pedir a moral da história, esta é sua moral: uma chamada de volta do otimismo fácil e também do pessimismo lamentoso, para aquela dura, ainda que não muito desesperada, compreensão da imutável situação difícil do Homem, pela qual as eras heroicas têm vivido. É aqui que a afinidade nórdica é mais forte: golpes de martelo, mas com compaixão.

"Mas por que" (alguns perguntam), "por que, se você tiver um comentário sério a fazer sobre a vida real dos homens, você deve fazê-lo falando sobre sua própria Terra do Nunca fantasmagórica?" Porque, eu compreendo assim, uma das principais coisas que o autor quer dizer é que a vida real dos homens é daquela qualidade mítica e heroica. Pode-se ver o princípio atuando em sua caracterização. Muito do que em um trabalho realista seria feito pela "delineação do personagem" é aqui feito simplesmente tornando o personagem um elfo, um anão ou um hobbit. Os seres imaginados têm seu interior do lado de fora; eles são almas visíveis. E o Homem como um todo, o Homem oposto ao universo, nós o vemos até que vejamos que ele é como um herói em um conto de fadas? No livro, Éomer contrasta timidamente "a terra verde" com "lendas". Aragorn responde que a terra verde em si é "potente matéria de lendas".[4]

O valor do mito é que ele leva todas as coisas que conhecemos e restaura nelas o rico significado que foi escondido pelo "véu da familiaridade". A criança desfruta de um embutido (de outra forma sem graça para ela) fingindo que é um búfalo que acabou de matar com seu próprio arco e flecha. E a criança é sábia. A carne de verdade chega a ela mais saborosa por ter sido mergulhada em uma história; você pode dizer que só então essa é a carne real. Se você está cansado da paisagem real, olhe para ela através do espelho. Ao colocar pão, ouro, cavalo, maçã ou as próprias estradas em um mito, não os retiramos da realidade: nós os redescobrimos. Enquanto a história persistir em nossa mente, as coisas reais são mais elas mesmas. Esse livro aplica o tratamento não só ao pão ou à maçã, mas ao bem e ao mal, a nossos perigos infinitos, à nossa angústia e às nossas alegrias. Ao mergulhá--los no mito, nós os vemos com mais clareza. Eu não acho que o autor poderia ter feito isso de outra maneira.

POR MEIO DE CRISTO, VEMOS TUDO O MAIS

LEITURA DAS ESCRITURAS

Efésios 2:1-10

Salmos 50:1-6

O peso da glória

("Teologia é poesia?")

Você deve se lembrar da velha charada que pergunta se o ovo veio da galinha, ou a galinha, do ovo. A concordância moderna no evolucionismo universal é um tipo de ilusão de ótica produzida pela atenção exclusiva à emergência da galinha do ovo. Fomos ensinados desde crianças a observar como o carvalho perfeito cresce da bolota e a esquecer que a própria bolota caiu de um carvalho perfeito. Somos constantemente lembrados de que um ser humano adulto era um embrião, nunca que a vida do embrião veio de dois seres humanos adultos. Gostamos de observar que o motor rápido de hoje é descendente da locomotiva *Rocket*; também não lembramos, igualmente, que a *Rocket* não se originou de um motor mais rudimentar, mas de algo muito mais perfeito e complicado — um homem genial. A obviedade ou naturalidade que a maioria das pessoas parece encontrar na ideia do evolucionismo emergente parece ser uma alucinação pura.

Alguém pode ser forçado a pensar, a partir dessas bases e outras semelhantes, que de tudo o mais que possa ser verdade, a cosmologia científica popular não é. Abandonei aquele navio não por causa do chamado da poesia, mas porque pensei que ele não pudesse se manter flutuando. Algo como o idealismo filosófico ou o teísmo deve ser, na pior das hipóteses, menos falso que isso. E o idealismo se mostrou um teísmo disfarçado, quando você o leva a sério. E uma vez tendo aceitado o teísmo, você não poderia ignorar as afirmações de Cristo. E depois que as examinei, me pareceu que não poderia assumir uma posição mediana. Ou ele era um lunático ou era Deus. E ele não era um lunático.

Aprendi na escola que, depois de fazer uma soma, deveria "testar a minha resposta". A prova ou a verificação de minha resposta cristã à soma cósmica foi esta: quando eu aceito a Teologia, posso encontrar dificuldades neste ponto ou naquele, ao harmonizá-la com algumas verdades particulares que estão implantadas na cosmologia mística derivada da ciência. Mas, eu posso compreender, ou admitir, a ciência como um todo. Se admito que a Razão é anterior à matéria e que a luz daquela Razão primordial ilumina mentes finitas, posso compreender como as pessoas podem vir a saber, pela observação e inferência, muito do universo em que vivem. Se, por outro lado, eu aceito a cosmologia científica como um todo, então não apenas não serei capaz de acomodar o cristianismo, mas não poderei acomodar a própria ciência. Se as mentes são completamente dependentes do cérebro, se o cérebro depende da bioquímica, e a bioquímica (no longo prazo) depende do fluxo sem sentido dos átomos, não posso entender como o pensamento daquelas mentes deveria ter qualquer significância maior do que o som do vento nas árvores. E esse é para mim o teste decisivo. É assim que distingo o sonho e a vigília. Quando estou desperto, posso, em certo grau, avaliar e estudar meu sonho. O dragão que me perseguiu na noite passada pode ser encaixado no meu mundo desperto. Sei que existem coisas como os sonhos; sei que comi um jantar difícil de digerir; sei que alguém que lê o que leio está sujeito a sonhar com dragões. Mas, enquanto eu estava no pesadelo não podia inserir minha experiência de desperto. O mundo desperto é avaliado de modo mais real porque poderá conter, assim, o mundo dos sonhos; o mundo dos sonhos é avaliado como menos real porque não pode conter o mundo desperto. Pela mesma razão, estou certo de que ao passar dos pontos de vista da ciência para o teológico, passei do sonho para o despertamento. A Teologia cristã pode acomodar a ciência, a arte, a moralidade e as religiões não cristãs. A perspectiva da ciência não é capaz de acomodar nenhuma dessas coisas, nem mesmo a própria ciência. Creio no cristianismo assim como creio que o Sol nasceu, não apenas porque o vejo, mas porque por meio dele eu vejo tudo o mais.

[1]Na transcriação do poema, não foram observadas a métrica e a rima do original.
[2]A rua Harley, em Londres, é conhecida desde o século XIX pelo grande número de especialistas em medicina e cirurgia que nela atuam.
[3]Adônis, na mitologia grega, era jovem de grande beleza. Ele despertou o amor da deusa Afrodite, mas Ares, amante dela, providenciou que o jovem fosse morto por um javali. No submundo, Perséfone, que era ali a rainha, também se apaixonou por ele. Prometeu devolvê-lo a Afrodite, desde que ele passasse seis meses com cada uma. Posteriormente, Zeus determinou que Adônis estaria livre quatro meses por ano e passaria quatro meses com cada uma das deusas. A partir desse mito, Adônis se tornou a divindade telúrica da vegetação, que morre no inverno e volta à vida na primavera. Osíris era o deus egípcio dos mortos e das lavouras. Ele foi trazido de volta à vida por Ísis, sua irmã e esposa.
[4]As Duas Torres, Livro III, cap. 2.

semana

TRÊS

....

REDEFININDO
O PECADO

LEITURA DAS ESCRITURAS
Efésios 1:1-10
Salmos 2:1-12

O problema da dor
(*"Maldade humana"*)

Jesus pede àqueles, no centro do tribunal, que não têm pecado que joguem a primeira pedra. Paulo diz que todos nós falhamos e erramos o alvo. Não vamos encobrir nossa corrupção, mas sim reconhecê-la e confessá-la. Lembrar que ele é fiel e justo para nos perdoar e limpar-nos de toda injustiça. (1João 1:9)

Uma recuperação do antigo senso de pecado é essencial para o Cristianismo. Cristo tem como certo que os homens são maus. Enquanto não percebermos realmente que esse pressuposto Dele é verdadeiro, embora façamos parte do mundo que Ele veio salvar, não fazemos parte do público a quem Suas palavras são dirigidas. Falta-nos a primeira condição para entender do que Ele está falando. E quando os homens tentam ser cristãos sem essa consciência preliminar do pecado, o resultado é fatalmente um certo ressentimento contra Deus como alguém sempre inexplicavelmente zangado. A maioria de nós, por vezes, sentiu uma secreta simpatia pelo fazendeiro moribundo que respondeu à dissertação do Vigário sobre o arrependimento perguntando: "Que mal eu já fiz a *Ele*?". Essa é a verdadeira dificuldade. O pior que fazemos a Deus é deixá-lo em paz — por que Ele não pode retribuir essa expressão de cortesia? Por que não viver e deixar viver? Que vocação Ele tem, entre todos os seres, para ser "zangado"? É fácil para Ele ser bom!

Contudo, no momento em que um homem sente uma culpa real — momentos muito raros em nossa vida —, todas essas blasfêmias desaparecem. Muito, talvez sintamos, pode ser desculpado por enfermidades humanas, mas não *isto*: essa ação incrivelmente cruel e vil que nenhum de nossos amigos teria realizado, da qual mesmo um rematado pequeno canalha como X teria se envergonhado, que não permitiríamos que o mundo publicasse. Em um momento assim, realmente sabemos que nosso caráter, conforme revelado nessa ação, é, e deve ser, odioso para todos os homens bons e, se houver poderes acima do homem, para eles. Um Deus que não considerasse isso com desagradável desprazer não seria um ser bom. Não podemos nem desejar um Deus assim — é como desejar que cada nariz do universo fosse abolido, que o cheiro de feno, ou de rosas, ou de mar, nunca mais deliciasse nenhuma criatura, porque nosso próprio hálito fede.

Quando simplesmente *dizemos* que somos maus, a "ira" de Deus parece uma doutrina bárbara; assim que *percebemos* nossa maldade, ela parece inevitável, um mero corolário da bondade de Deus. Manter sempre diante de nós a percepção derivada de um momento como esse que venho descrevendo, aprender a detectar a mesma indesculpável corrupção real sob cada vez mais de seus disfarces complexos, é, portanto, indispensável para uma compreensão real da fé cristã. Essa não é, obviamente, uma nova doutrina. Não estou tentando nada muito esplêndido. [...] Estou apenas tentando levar meu leitor (e, mais ainda, a mim mesmo) a vencer um *pons asinorum*[1] — a dar o primeiro passo para fora do paraíso dos tolos e da ilusão absoluta.

DESEJOS PELO CÉU

LEITURA DAS ESCRITURAS
1Coríntios 1:20-25
Salmos 74:12-17

Cristianismo puro e simples
("Esperança")

A Esperança é uma das virtudes teologais. Isso significa uma visão constantemente voltada para a frente, para o mundo eterno, não é (como algumas pessoas modernas pensam) uma forma de escapismo ou ilusão, mas uma atitude típica de um cristão. Isso não significa que devamos deixar o mundo presente do jeito que está. Quem investiga os registros da história descobre que os cristãos que fizeram mais pelo mundo presente foram justamente aqueles que mais pensaram no porvir. Os próprios apóstolos, que possibilitaram a conversão do Império Romano, os grandes homens que construíram a Idade Média, os protestantes ingleses que aboliram a escravidão, todos deixaram a sua marca na Terra justamente porque suas mentes estavam ocupadas com o Céu. Desde que os cristãos deixaram de pensar amplamente no mundo vindouro, tornaram-se ineficazes neste mundo. Aspire ao Céu, e terá a terra de "lambuja"; aspire à Terra, e não terá nenhum dos dois. Parece uma regra estranha, mas algo semelhante pode ser observado em outros campos. A saúde é uma grande bênção, mas, na mesma hora em que você faz dela seu objetivo supremo e direto, você se torna um hipocondríaco que fica imaginando o que pode estar errado com você. Você só terá chance de ter boa saúde se desejar outras coisas além disso — comida, jogos, diversão, ar puro. Da mesma forma, nunca devemos querer salvar a civilização enquanto ela for o nosso objetivo principal. Temos de aprender a desejar outra coisa ainda mais do que desejamos isso.

A maioria de nós acha muito difícil desejar o "Céu" — exceto no sentido de que o "Céu" signifique reencontrar os nossos amigos que morreram. Uma das razões para essa dificuldade é a nossa criação, visto que toda a nossa educação tende a fixar nossa mente neste mundo. Outro motivo é que, quando o desejo real pelo Céu está presente em nós, não o reconhecemos. Se as pessoas tivessem a capacidade de examinar seu coração, saberiam que o que desejam, e o fazem de forma contundente, é algo que não se pode obter neste mundo. Há tantas coisas neste mundo nos prometendo aquilo que desejamos, mas que nunca cumprem a promessa. O anseio que é despertado em nós quando nos apaixonamos pela primeira vez, ou pensamos em morar num país estrangeiro, ou nos dedicamos a um assunto que realmente nos empolga, tudo se resume a desejos que nenhum casamento, viagem ou aprendizado pode realmente satisfazer. Não estou falando aqui do que corriqueiramente se chama de casamento ou de férias ou de carreiras de estudo que causaram frustração por não as conseguirmos. Estou falando das melhores opções possíveis em cada uma dessas áreas. Havia algo a que nos agarramos no primeiro momento do desejo que simplesmente desvaneceu quando ele se tornou realidade. Penso que isso que estou falando seja do conhecimento de todos. A companheira pode até ser uma boa esposa, e os hotéis e a vista podem ter sido excelentes, e a química pode ser um emprego muito interessante, mas algo se evadiu de nós. Agora, há duas formas erradas de lidar com esse fato, e outra que é a certa:

1. **À Moda dos Tolos** — Eles põem a culpa nas coisas em si. Passam a vida toda pensando que, se ao menos tentassem ter outra mulher, ou ter direito a férias mais dispendiosas, ou qualquer outra coisa, então, desta vez, eles verdadeiramente terão alcançado o objetivo misterioso atrás do qual todos nós estamos. A maioria das pessoas entediadas, descontentes e ricas deste mundo é composta de gente desse tipo. Essas pessoas passam a vida toda trocando de parceiro como se troca de camisa (com a ajuda dos cartórios), vivem de continente em continente, passando de hobby para hobby, pensando toda vez que a última escolha será finalmente "pra valer", mas continuam sempre decepcionadas.

2. **À Moda dos "Sensatos" Desiludidos** — Eles logo decidem que tudo isso é ilusão. "É claro", eles dizem, "que a gente se sente assim quando é jovem, mas, quando se chega a uma certa idade, você para de ficar buscando o fim do arco-íris". Assim, eles sossegam e aprendem a não esperar demais e reprimem a parte de si que costumava, como eles diriam, "sonhar com o impossível".

Certamente esta é uma forma muito melhor do que a primeira e torna a pessoa muito mais feliz, além de ser um incômodo muito menor para a sociedade. Isso tende a tornar essa pessoa arrogante (ela estará apta a ser bem superior com relação ao que ela chama de "adolescentes"), mas, de maneira geral, ela se vira bem e se sente confortável. Essa seria a melhor linha que poderíamos seguir se as pessoas não vivessem para sempre. Mas suponha que a felicidade eterna exista realmente e esteja esperando por nós. Suponha que se possa atingir o fim do arco-íris. Nesse caso, seria uma pena descobrir tarde demais (no instante seguinte à morte) que, por causa do nosso alegado "bom senso", tenhamos sufocado em nós a possibilidade de desfrutar da felicidade.

3. **À Moda Cristã** — O cristão diz: "As criaturas não nasceriam com desejos se não existisse a satisfação para esses desejos. Um bebê sente fome: muito bem, existe a comida. Um pato deseja nadar: muito bem, existe a água. Os seres humanos sentem desejo sexual: muito bem, existe o sexo. Ao descobrir em mim um desejo que nenhuma experiência deste mundo poderia satisfazer, a explicação mais provável é que eu tenha sido feito para outro mundo. Se nenhum dos meus prazeres terrenos consegue me satisfazer, isso não prova que o universo é uma fraude. Provavelmente os prazeres terrenos nunca tivessem tido a intenção de satisfazer esse desejo, de apenas despertá-lo para levá-lo à satisfação real. Nesse caso, tenho de cuidar, por um lado, para nunca desprezar ou ser ingrato por essas bênçãos terrenas e, por outro, nunca as tomar equivocadamente por algo mais do que elas são: meras cópias, eco ou miragem. Tenho de manter vivo em mim o desejo pelo meu verdadeiro país de destino,

aquele que não encontrarei antes da minha morte; nunca devo deixar que ele me sufoque ou fique de lado; a jornada para esse outro mundo e a ajuda para que os outros façam a mesma coisa devem se tornar o objeto principal da vida".

Não há necessidade de se preocupar com pessoas debochadas, que tentam ridicularizar a esperança cristã pelo Céu dizendo que não desejam "passar a eternidade tocando harpa". A resposta a pessoas assim é que, se elas não conseguem entender livros escritos para adultos, não deveriam falar sobre eles. Todo o imaginário das Escrituras (harpas, coroas, ouro etc.) é uma tentativa meramente simbólica de expressar o inexprimível. Os instrumentos musicais são mencionados porque, para muita gente (nem todos), a música é algo familiar na vida presente que mais fortemente sugere o êxtase e a eternidade. As coroas são mencionadas para sugerir o fato de que aqueles que estão unidos com Deus na eternidade compartilham o seu esplendor, seu poder e sua alegria. O ouro é mencionado para sugerir a perenidade do Céu (o ouro não enferruja) e a preciosidade disso. Aqueles que tomam esses símbolos literalmente poderiam muito bem pensar também que, quando Cristo nos disse para sermos como as pombas, ele quis dizer que era para botarmos ovos.

REMÉDIO DADO POR DEUS

LEITURA DAS ESCRITURAS
Jeremias 31:31-34
Salmos 19:1-6

Milagres
("O grande milagre")

É nesse sentido que a Morte humana é o resultado do pecado e o triunfo de Satanás. Mas também é o meio de redenção do pecado, o remédio de Deus para o Homem e sua arma contra Satanás. De um modo geral, não é difícil entender como a mesma coisa pode ser um golpe de mestre da parte de um combatente e também o meio pelo qual o combatente superior derrota-o. Todo bom general, todo bom jogador de xadrez, pega o que é precisamente o ponto forte do plano do oponente e o torna o pivô do próprio plano. "Pegue essa minha torre, se você insistir. Não era minha intenção original que você o fizesse — de fato, pensei que você teria mais bom senso. Mas aceite-a de qualquer modo. Por enquanto eu me movo assim... e assim... e é xeque-mate em três movimentos." Algo assim deve ter acontecido sobre a Morte. Não diga que essas metáforas são triviais demais para ilustrar uma questão tão elevada: as metáforas mecânicas e minerais despercebidas que, nesta era, dominarão nossa mente (sem serem reconhecidas como metáforas) no momento em que relaxarmos nossa vigilância contra elas, devem ser incomparavelmente menos adequadas.

E é possível ver como isso pode ter acontecido. O Inimigo persuade o Homem a se rebelar contra Deus: ao fazê-lo, o Homem perde o poder de controlar a outra rebelião que o Inimigo agora suscita no organismo do Homem (tanto psíquico quanto físico) contra o espírito do Homem; da mesma forma, esse organismo, por sua vez, perde poder de se manter firme contra a rebelião do que é inorgânico. Dessa maneira, Satanás produziu a Morte humana. Mas, quando Deus criou o Homem, ele lhe deu uma constituição que, se a parte mais elevada dela se rebelasse contra si mesma, seria obrigada a perder o controle sobre as partes inferiores: desse modo, no longo prazo, sofrer a Morte. Essa disposição pode ser considerada igualmente como uma sentença punitiva ("Não coma da árvore do conhecimento do bem e do mal, porque no dia em que dela comer, certamente você morrerá"),[2] como uma misericórdia e como um dispositivo de segurança. É uma punição porque a Morte — aquela Morte da qual Marta diz a Cristo: "Senhor, ele já *cheira mal*"[3] — é horror e ignomínia. ("Não tenho tanto medo da morte quanto vergonha dela", disse Sir Thomas Browne).[4] É misericórdia, porque, por vontade e humilde rendição a ela, o Homem desfaz o próprio ato de rebelião e faz até mesmo desse modo de Morte depravado e monstruoso um exemplo daquela Morte superior e mística que é eternamente boa e um ingrediente necessário para a vida mais elevada. "O principal é estarmos preparados"[5] — não, é claro, a prontidão meramente heroica, mas a da humildade e da renúncia própria. Nosso inimigo, tão bem-vindo, torna-se nosso servo: a Morte corporal, o monstro, torna abençoada a Morte espiritual para o ego, se o espírito assim o desejar — ou melhor, se permitir que o Espírito do Deus que morre deseje isso. É um dispositivo de segurança porque, uma vez que o Homem tenha caído, a imortalidade natural seria o único destino totalmente sem esperança para ele. Ajudado na rendição que ele deve fazer por não haver nenhuma necessidade externa da Morte, livre (se você chama de liberdade) para prender cada vez mais rápido a si mesmo, ao longo de séculos intermináveis, as correntes do próprio orgulho, e da luxúria, e dos pesadelos que as civilizações constroem em poder e complicação cada vez maiores, ele passaria de ser meramente um homem caído a ser um demônio, possivelmente além de todas as possibilidades de redenção. Esse perigo foi evitado. A sentença de que aqueles que comessem do fruto proibido seriam afastados da Árvore da Vida estava implícita na natureza composta com a qual o Homem foi criado. Mas, no intuito de converter essa morte penal nos meios para se obter a vida eterna — para adicionar à sua função negativa e preventiva uma função positiva e salvadora —, era ainda necessário que a morte fosse *aceita*. A humanidade deve acolher a morte livremente, submeter-se a ela com total humildade, beber até as borras, e então convertê-la na morte mística que é o segredo da vida. Mas apenas um Homem que nem precisava ter sido um Homem a menos que tivesse escolhido sê-lo, apenas um que serviu em nosso triste regimento como voluntário, mas também apenas um que era perfeitamente Homem, poderia realizar essa morte perfeita; e assim (mesmo que você diga que é sem importância) ou derrota a morte ou a redime. Ele provou a morte em nome de todos os outros. Ele é o representante "Mortal" do universo, e, por isso mesmo, a Ressurreição e a Vida.[6] Ou, inversamente, porque ele realmente vive, ele realmente morre, pois esse é o próprio padrão da realidade. Porque o superior pode descer até o inferior, Aquele que, por toda a eternidade, lançou-se incessantemente na bendita morte da autorrendição ao Pai, também pode descer totalmente à horrível e (para nós) involuntária morte do corpo. Porque a Vicariedade é o próprio idioma da realidade que ele criou, sua morte pode se tornar nossa. Todo o milagre, longe de negar o que já sabemos da realidade, escreve o comentário que torna esse texto muito claro: ou melhor, prova ser o texto sobre o qual a Natureza era apenas o comentário. Na ciência, lemos apenas as anotações sobre um poema; no cristianismo, encontramos o próprio poema.

A PROMESSA DE PERDÃO

LEITURAS DAS ESCRITURAS
1João 1:5-10
Salmos 19:7-14

O peso da glória
("Sobre o perdão")

Dizemos muitas coisas na igreja (e fora da igreja também) sem pensar adequadamente. Por exemplo, declamamos o credo "Eu creio no perdão dos pecados". Recitei isso por muitos anos antes de me perguntar por que estava no credo. À primeira vista, parece não ser muito importante que esteja. "Se alguém é cristão", pensei, "claro que crê no perdão dos pecados. Nem é necessário dizer isso". Mas as pessoas que compilaram o credo pensaram, aparentemente, que isso era uma parte de nossa crença, que dela precisávamos nos lembrar, todas as vezes que íamos à igreja. Comecei então a ver, naquilo que me diz respeito, que eles estavam certos. Crer no perdão dos pecados não é tão fácil assim como eu pensava. Tal crença é o tipo de coisa que muito facilmente sai de cena, se não o mantivermos como algo a ser polido.

Cremos que Deus perdoa os nossos pecados, mas também que ele não o fará a não ser que nós perdoemos os pecados de outras pessoas contra nós. Não existe nenhuma dúvida sobre a segunda parte dessa declaração. É a oração do Senhor (o Pai Nosso); e foi enfaticamente afirmado por Nosso Senhor. Se você não perdoar não será perdoado. Nenhuma parte de seu ensino é mais clara e não há exceções. Não faz parte dessa ordem que devemos perdoar os pecados de outras pessoas desde que não sejam muito assustadores, ou desde que não haja circunstâncias atenuantes ou algo desse tipo. A ordem é perdoar a todos, mesmo que sejam maldosos, que sejam perversos, não importa quão frequentes sejam os erros que cometem. Se não, não seremos perdoados de nenhum de nossos pecados.

Agora, parece-me que frequentemente cometemos um erro, tanto sobre o ato de Deus perdoar os pecados que cometemos, quanto sobre o perdão que dizem que devemos oferecer pelos pecados de outras pessoas. Pense primeiro sobre o perdão de Deus. Percebo que quando penso que estou pedindo que Deus me perdoe, estou, na realidade (a não ser que eu esteja me vigiando cuidadosamente), pedindo a ele que faça algo completamente diferente. Não estou pedindo que ele me perdoe, mas que ele aceite minha justificativa. Há, porém, toda a diferença do mundo entre perdoar e dar uma justificativa. O perdão diz: "Sim, você fez isso, mas eu aceito suas desculpas; eu nunca usarei isso contra você, e tudo entre nós dois será exatamente como era antes". Mas a justificativa diz: "Vejo que você não conseguiu evitar ou que não tinha a intenção; você não é o culpado". Se a pessoa não era culpada, então não há nada para ser perdoado. Nesse sentido, o perdão e a justificativa são quase opostos. É claro, em dúzias de casos, seja entre Deus e o ser humano, ou entre um ser humano e outro, pode haver uma mistura dos dois. Parte daquilo que, à primeira vista, pareciam ser os pecados acaba não sendo realmente falha de ninguém e a desculpa é oferecida; a parte que resta é perdoada. Se você tem uma desculpa perfeita, não precisa de perdão; se toda a sua ação precisa de perdão, então não há desculpa para ela, mas o problema é que aquilo que chamamos de "pedir o perdão de Deus" consiste, muito frequentemente, em pedir que Deus aceite nossas desculpas. O que nos leva a cometer esse erro é o fato de que normalmente existe certa parcela de desculpa, algumas "circunstâncias atenuantes". Estamos tão ansiosos em apontar essas coisas a Deus (e a nós mesmos) que seremos capazes de esquecer a coisa realmente importante; isto é, aquilo que restou, a parte que as desculpas não podem cobrir, a parte que é indesculpável, mas, graças a Deus, não é imperdoável. Se esquecermos isso, poderemos sair imaginando que nos arrependemos e fomos perdoados, quando o que na realidade aconteceu é que satisfizemos a nós mesmos com nossas próprias desculpas. Podem ser desculpas muito ruins; ficamos muito facilmente satisfeitos conosco mesmos.

Existem dois remédios para esse perigo. Um deles é que Deus conhece todas as desculpas reais muito melhor do que nós. Se existirem realmente "circunstâncias atenuantes", não há o temor de que ele deixará de notá-las. Frequentemente, Deus conhece muitas desculpas nas quais nunca havíamos pensado e, assim, almas humildes terão depois da morte a agradável surpresa de descobrir que, em certas ocasiões, pecaram muito menos do que pensavam.

Ele terá todas as desculpas reais. Aquilo que nós temos de levar a ele é a parte indesculpável, o pecado. Estamos unicamente desperdiçando o nosso tempo ao falar sobre todas as partes que podem (pensamos) ser desculpadas. Quando vai ao médico, você mostra a ele a parte que está errada — por exemplo, um braço quebrado. Seria unicamente um desperdício de tempo ficar explicando para ele que suas pernas, olhos e garganta estão todos bem. Você poderá estar errado ao pensar desse jeito e, de qualquer forma, se de fato eles estiverem bem, o médico saberá.

O segundo remédio é real e verdadeiramente é crer no perdão dos pecados. Grande parcela de nossa ansiedade ao buscar desculpas vem de não crermos realmente, de pensarmos que Deus não vai nos tomar de volta para ele, a não ser que fique provado para ele que algum tipo de caso pode ser apresentado a nosso favor, mas isso jamais seria perdão. O verdadeiro perdão significa olhar firmemente para o pecado, para o pecado que ficou sobrando sem nenhuma desculpa, depois que todas as concessões foram feitas, e vendo isso em toda sua repulsa, sujeira, maldade e malícia, ainda assim ser completamente reconciliado com a pessoa que o tiver praticado. Isso, e somente isso, é perdão, e podemos sempre tê-lo da parte de Deus, se o pedirmos.

....

OS TRÊS TIPOS DE PESSOAS

LEITURA DAS ESCRITURAS
Lucas 21:1-19
Salmos 102:1-11

Present concerns
[Preocupações presentes]

"Three Kinds of Men"
[Três tipos de homens]

Existem três tipos de pessoas no mundo. A primeira classe é a daquelas que vivem simplesmente para seu próprio bem e prazer, considerando o Homem e a Natureza como a matéria-prima a ser cortada em qualquer forma que lhes sirva. Na segunda classe estão aquelas que reconhecem alguma outra reivindicação sobre si — a vontade de Deus, o imperativo categórico ou o bem da sociedade — e honestamente tentam perseguir os próprios interesses não além do que essa reivindicação permite. Elas tentam se submeter à reivindicação superior tanto quanto esta exija, como homens que pagam um imposto, mas esperam, como outros contribuintes, que o que sobrar seja suficiente para viverem. Sua vida é dividida, como a vida de um soldado ou de um estudante, em tempos "no desfile" e "fora do desfile", "na escola" e "fora da escola". Mas a terceira classe é daquelas pessoas que podem dizer, como São Paulo, que para elas "viver é Cristo".[7] Essas pessoas se livraram do trabalho cansativo de ajustar as reivindicações rivais do Eu e de Deus por meio do simples expediente de rejeitar completamente as reivindicações do Eu. A velha vontade egoísta foi convertida, recondicionada e transformada em uma coisa nova. A vontade de Cristo não limita mais a delas; ela é (a vontade) delas. Todo o tempo dessas pessoas, por pertencer a Ele, pertence também a elas, pois elas são Dele.

E por existirem três classes, qualquer divisão meramente dicotômica do mundo em bons e maus é desastrosa. Ela ignora o fato de que os membros da segunda classe (à qual a maioria de nós pertence) são sempre e necessariamente infelizes. O imposto que a consciência moral cobra de nossos desejos não nos deixa, de fato, o suficiente para viver. Enquanto estivermos nessa classe, devemos sentir culpa, pois não pagamos o imposto ou a penúria porque os temos. A doutrina cristã de que não há "salvação" por meio de obras feitas de acordo com a lei moral é um fato da experiência diária. Devemos voltar ou continuar. Mas não há como continuar simplesmente por nossos próprios esforços. Se o novo Eu, a nova Vontade, não vier a seu próprio bel-prazer para nascer em nós, não podemos produzi-lo sinteticamente.

O preço de Cristo é algo, de certa forma, muito mais fácil do que o esforço moral — é querê-lo. É verdade que o próprio querer estaria além de nosso poder, mas por um fato. O mundo é construído de tal forma que, para nos ajudar a abandonar nossas próprias satisfações, elas nos abandonam. Guerra e problemas e, por fim, a velhice tiram de nós, uma por uma, todas as coisas que o Eu natural esperava que se estabelecessem. Implorar é nossa única sabedoria, e, no fim, querer torna mais fácil sermos os que imploram. Mesmo nesses termos, a Misericórdia nos receberá.

UM CONVITE PARA O ÊXTASE DIVINO

LEITURA DAS ESCRITURAS
Romanos 8:26-39
Salmos 44:20-26

English literature in the sixteenth century: excluding drama
[Literatura inglesa no século 16: excluindo o drama]

Lewis foi um estudioso da literatura medieval, e a leitura de hoje é de um de seus livros sobre esse período.

Teologicamente, o protestantismo foi uma restauração, ou um desenvolvimento, ou um exagero (não cabe ao historiador literário dizer o que foi) da teologia paulina. [...] Na mente de um Tyndale[8] ou de um Lutero[9], como na mente do próprio São Paulo, essa teologia não era de modo algum uma construção intelectual feita no interesse do pensamento especulativo. Ela brotava diretamente de uma experiência religiosa altamente especializada; e todas as suas afirmações, quando separadas desse contexto, perdem o sentido ou significam o oposto do que era pretendido.

Proposições originalmente formuladas com o único propósito de louvar a compaixão Divina como ilimitada, pouco credível e totalmente gratuita, se fortalecem, quando extrapoladas e sistematizadas, em algo que não parece muito diferente da adoração ao diabo. A experiência é de conversão catastrófica. O homem que passou por ela parece alguém que despertou do pesadelo para o êxtase. Como um amante aceito, ele sente que nada fez, e nunca poderia ter feito nada, para merecer uma felicidade tão surpreendente. Nunca mais ele poderá "exultar do monturo do deserto". Toda a iniciativa está do lado de Deus; tudo foi graça gratuita e ilimitada. E tudo continuará a ser graça gratuita e ilimitada. Seus próprios esforços insignificantes e ridículos seriam tão inúteis para reter a alegria quanto seriam para inicialmente alcançá-la. Felizmente, eles não precisam. A bem-aventurança não está à venda, não pode ser conquistada. "Obras" não têm nenhum "mérito", embora, é claro, a fé, inevitavelmente, mesmo inconscientemente, de imediato se transforme em obras de amor. O homem não é salvo porque faz obras de amor: ele faz obras de amor porque é salvo. Só a fé o salvou: fé concedida por puro dom. Dessa alegre humildade, desse adeus ao ego com todas as suas boas resoluções, ansiedade, escrúpulos e motivações, todas as doutrinas protestantes originalmente surgiram.

Pois deve ser claramente entendido que elas eram, a princípio, doutrinas não de terror, mas de alegria e esperança: na verdade, mais do que esperança, fruição, pois, como diz Tyndale, o homem convertido já está saboreando a vida eterna. A doutrina da predestinação, diz o Artigo XVII, é "cheia de um doce, suave e inexplicável conforto para as pessoas devotas".[10] Mas e as pessoas ímpias? Dentro da experiência original, tal questão não surge. Não existem generalizações. Não estamos construindo um sistema. Quando começarmos a fazer isso, surgirão problemas muito incômodos e soluções muito sombrias. Mas esses horrores, tão familiares ao leitor moderno (e especialmente ao leitor moderno de ficção), são apenas subprodutos da nova teologia. Eles estão surpreendentemente ausentes do pensamento dos primeiros protestantes. O socorro e a vivacidade são as notas características. Em uma única frase do *Conversas à mesa*,[11] Lutero deixa a questão de lado para sempre.

Você tem dúvidas se foi eleito para a salvação? Então, diga suas orações, homem, e você pode concluir que sim. Simples assim.

A ALEGRIA DE DEUS É A NOSSA ALEGRIA

LEITURA DAS ESCRITURAS
Hebreus 2:5-11
Salmos 8:1-9

Cristianismo puro e simples
("A alternativa chocante")

Deus nos criou, ele nos inventou como uma pessoa inventa um motor. Um carro é feito para funcionar à base de gasolina, e ele não funcionaria com nenhum outro combustível.[12] Agora, Deus designou a máquina humana para funcionar à base dele mesmo. Ele mesmo é o combustível que nossos espíritos foram designados para queimar, ou o alimento do qual nossos espíritos foram designados para se alimentar. Não há outro. Essa é a razão pela qual simplesmente não adianta pedir a Deus para nos fazer felizes do nosso jeito, independentemente da religião. Deus não pode nos dar felicidade e paz à parte de si mesmo, porque elas não se encontram aí. Não existe tal coisa.

Essa é a chave para a história da humanidade. Uma energia extraordinária é dispendida — civilizações são construídas — e instituições excelentes, criadas; mas sempre há algo que dá errado. Sempre ocorre algum desastre fatal que faz as pessoas egoístas e cruéis subirem ao poder, e tudo se torna em miséria e ruína — na verdade, a máquina começa a falhar. Ela parece iniciar perfeitamente e funciona por alguns quilômetros, e então o motor funde, pois eles estão tentando fazê-la funcionar com o combustível errado. Foi isso que Satanás fez conosco, seres humanos.

E o que foi que Deus fez? Antes de tudo, ele nos conferiu consciência, o sentido do certo e do errado, e por toda a história houve pessoas tentando (algumas muito intensamente) obedecer-lhe. Nenhuma delas foi bem-sucedida. Em segundo lugar, ele enviou à humanidade o que eu chamo de bons sonhos: estou me referindo àquelas histórias esquisitas espalhadas pelas religiões gentias sobre um deus que morre e volta à vida, e, por sua morte, de alguma forma concedeu nova vida ao ser humano. Em terceiro lugar, ele selecionou um povo em particular e passou vários séculos incutindo na cabeça deles o tipo de Deus que ele é — que não havia nenhum igual a ele e que ele exigia uma conduta correta. Os judeus são esse povo, e o Antigo Testamento nos oferece o relato de como ocorreu esse processo de incutir.

O verdadeiro choque, no entanto, ainda estava por vir. Eis que da descendência desse povo subitamente surge um homem que anda por aí dizendo que é Deus. Ele alega ter poder para perdoar pecados. Diz que sempre existiu. Afirma que está vindo julgar o mundo no fim dos tempos. Agora, vamos deixar bem clara uma coisa. Entre os povos panteístas, como são os indianos, qualquer um poderia dizer que fazia parte de Deus ou que é um com Deus; não há nada de muito estranho nisso. Mas esse homem, pelo fato de ser judeu, não poderia estar se referindo a esse tipo de Deus. Deus, na linguagem deles, significava o ser que está fora do mundo, o Criador e aquele que é infinitamente diferente de tudo. E, quando você entende isso, verá que as palavras ditas por esse homem eram, simplesmente, os pronunciamentos mais chocantes já enunciados por lábios humanos.

Há um elemento nessa reivindicação que tende a passar despercebido por nós, porque o ouvimos tantas vezes que já não nos damos conta mais de suas consequências. Eu me refiro à alegação de perdoar pecados — quaisquer pecados. Agora, a menos que seja o próprio Deus falando, tal pronunciamento é tão absurdo que se torna cômico. Todos entendemos que uma pessoa pode perdoar ofensas contra si mesma. Você pisou no meu calo e eu lhe perdoo, você roubou o meu dinheiro e eu lhe perdoo. Mas o que diríamos de uma pessoa que, não tendo sido pisada ou roubada, anunciasse que perdoa essas ofensas cometidas contra outra pessoa? Insensatez estúpida seria a descrição mais gentil que poderíamos fazer de sua conduta. Entretanto, foi isso o que Jesus fez. Ele disse às pessoas que os seus pecados estavam perdoados sem nunca sequer consultar aquelas às quais esses pecados lesaram. Ele se comportou, sem hesitar, como se fosse a parte mais afetada, a pessoa mais ofendida em todas as ofensas. Isso só faria sentido se ele realmente fosse o Deus cujas leis estão sendo infringidas e cujo amor é ferido a cada pecado cometido. Na boca de qualquer outra pessoa que não seja Deus, as palavras implicariam o que eu só posso considerar uma tremenda imbecilidade e presunção sem precedentes na história.

¹Latim: "ponte de burros". Expressão usada em geometria para a proposição de que os ângulos da base de um triângulo isósceles são iguais e, metaforicamente, para indicar uma situação que é um teste crítico de habilidade ou de compreensão.
²Gênesis 2:17.
³ João 11:39b.
⁴Sir Thomas Browne (1605—1682), polímata e escritor inglês. A citação é de sua obra mais conhecida: o livro de reflexões *Religio Medici* [Religião de um médico] (1643).
⁵William Shakespeare, *Hamlet*, Ato V, Cena II: "Se tem de ser já, não será depois; se não for depois, é que vai ser agora; se não for agora, é que poderá ser mais tarde. O principal é estarmos preparados" (tradução de Carlos Alberto Nunes).
⁶João 11:25.
⁷Filipenses 1:21.
⁸William Tyndale (c. 1490—1536), humanista, mártir protestante e tradutor da Bíblia inglesa.
⁹Martinho Lutero (1483—1546), monge agostiniano e professor de teologia alemão, deu início à Reforma Protestante em 31 de outubro de 1517, ao fixar, na porta da igreja do Castelo de Wittenberg, uma série de críticas à Igreja Católica, as quais ficaram conhecidas como 95 Teses.
¹⁰"Artigos de Religião" em *Livro de Oração Comum* (Igreja Episcopal do Brasil, 1950), p. 606.
¹¹Esse livro é uma coleção de pensamentos de Martinho Lutero reunidos por amigos dele, como Veit Dietrich, Johannes Mathesius, Anton Lauterbach e Joannes Aurifaber. *Conversas à mesa de Lutero* (Brasília: Editora Monergismo, 2017).
¹²Na época de Lewis ainda não havia combustíveis alternativos.

semana

QUATRO

ORAÇÃO
IMAGINATIVA

LEITURA DAS ESCRITURAS
Marcos 8:34—9:1
Salmos 91:1-8

*Cartas a Malcom, sobretudo
a respeito da oração*
("Capítulo 16")

Há de fato uma imagem mental que não me afasta para elaborações triviais. Refiro-me à Crucificação em si; não considerada em termos de todos os quadros e crucifixos, mas como devemos supor que ela tenha sido em sua realidade crua e histórica. Mas até isso é de menor valor espiritual do que se poderia esperar. Compunção, compaixão, gratidão — todas as frutuosas emoções — são sufocadas. O puro horror físico não deixa espaço para elas. Pesadelo. Mesmo assim, a imagem deve ser periodicamente enfrentada. Mas ninguém poderia viver com ela. Ela só se tornou um tema frequente da arte cristã quando estavam mortas todas as gerações que viram crucificações reais. Quanto a muitos hinos e sermões sobre o assunto — incessantemente falando sobre o sangue, como se isso fosse tudo o que importava —, eles parecem ter sido trabalho tanto de pessoas tão acima de mim que não podem me alcançar, quanto de pessoas absolutamente sem imaginação. (Algumas podem estar apartadas de mim por ambos os precipícios.)

No entanto, as imagens mentais desempenham um papel importante em minhas orações. Duvido que qualquer ato de vontade, pensamento ou emoção ocorra em mim sem elas. Mas elas parecem me ajudar mais quando são mais fugazes e fragmentadas — subindo e estourando como bolhas de champanhe ou girando como gralhas em um céu ventoso: contradizendo uma à outra (em sua lógica), como pode acontecer com a multidão de metáforas de um poeta ágil. Fixe-se em qualquer uma, e ela morrerá. Você deve fazer como Blake faria com alegria: beije-a enquanto ela voa.[1] E, então, no conjunto de seu efeito, elas mediam para mim algo muito importante. É sempre algo qualitativo — mais como um adjetivo que um substantivo. Isso, para mim, dá o impacto da realidade. Pois acho que respeitamos os substantivos (e o que achamos que eles representam) demais. Todas as minhas mais profundas, e certamente todas as minhas iniciais, experiências parecem ser de qualidade absoluta. O terrível e o amável são mais velhos e mais sólidos do que coisas terríveis e amáveis. Se uma frase musical pudesse ser traduzida em palavras, ela se tornaria um adjetivo. Uma grande letra de música é muito parecida com um adjetivo longo e absolutamente adequado. Platão não foi tão tolo, como os Modernos pensam, quando elevou substantivos abstratos, isto é, adjetivos disfarçados de substantivos — à posição de realidades supremas; as Formas.[2]

Sei muito bem que, segundo a lógica, Deus é uma "substância".[3] No entanto, minha sede por qualidade é autorizada mesmo aqui: "Damos graças a ti por tua grande glória".[4] Ele *é* essa glória. O que Ele é (a qualidade) não é uma abstração a partir Dele. Um Deus pessoal, com certeza; mas muito mais que pessoal. Para falar com mais seriedade, toda a nossa distinção entre "coisas" e "qualidades", "substâncias" e "atitudes" não se aplica a Ele. Talvez se aplique muito menos do que supomos até mesmo para o universo criado. Talvez sirva apenas para parte do cenário.

A onda de imagens, lançadas da oração como um borrifo, todas momentâneas, todas corrigindo, refinando, "interanimando"[5] uma à outra, e dando uma espécie de corpo espiritual ao inimaginável, ocorre mais, eu percebo, em atos de adoração do que em orações de petição. Sobre elas, talvez, já tenhamos escrito o suficiente. Mas eu não me arrependo disso. Elas são o ponto de partida correto. Elas provocam todos os problemas. Se alguém tentasse praticar, ou discutir, as formas superiores sem passar por essa catraca, eu deveria desconfiar dele. "O mais elevado não se sustenta sem o inferior."[6] Uma omissão ou um desdém quanto à oração peticionária pode, às vezes, penso, não provir da santidade superior, mas de uma falta de fé e da consequente preferência por níveis em que a pergunta "Estou apenas fazendo coisas para mim mesmo?" não sobressai com tal crueza aparente.

A GLÓRIA EM TUDO O QUE FAZEMOS

LEITURA DAS ESCRITURAS
Romanos 8:26-34
Salmos 91:9-16

O peso da glória

("Aprendizado em tempos de guerra")

A exigência de Deus é infinita e inexorável. Você pode recusá-la ou começar a tentar cumpri-la. Não existe caminho intermediário. Apesar disso, está claro que o cristianismo não exclui nenhuma das atividades humanas normais. O apóstolo Paulo diz às pessoas que vivam normalmente cumprindo suas tarefas. Ele até mesmo presume que cristãos compareçam a jantares e, o mais surpreendente, jantares patrocinados por pagãos. Nosso Senhor comparece a uma celebração de casamento e providencia vinho a partir de um milagre. Sob a proteção de sua Igreja, e na maioria dos séculos cristãos, o aprendizado e as artes floresceram. A solução para esse paradoxo, claro, é bem conhecida. "Assim, quer vocês comam, bebam ou façam qualquer outra coisa, façam tudo para a glória de Deus."

Todas as nossas atividades naturais serão aceitas, se forem oferecidas a Deus, mesmo a mais humilde delas; e todas elas, mesmo as mais nobres, serão pecaminosas se não forem dedicadas a Deus. Não é que o cristianismo simplesmente substitui nossa vida natural por uma nova vida; é antes uma nova organização que cultiva esses materiais naturais para seus próprios fins sobrenaturais. Não há dúvida de que, em dada situação, ele exige a entrega de algumas, ou de todas, as nossas aspirações meramente humanas; é melhor ser salvo com um só olho do que, tendo os dois, ser lançado no Geena. Contudo, ele faz isso, em certo sentido, *per accidens* [por acidente] — porque naquelas circunstâncias especiais deixou de ser possível realizar esta ou aquela atividade para a glória de Deus. Não há discordância essencial alguma entre vida espiritual e as atividades humanas em si. Assim, a onipresença da obediência a Deus na vida cristã é, de certo modo, comparável à onipresença de Deus na dimensão espacial. Deus não preenche o espaço como um corpo o faz, no sentido de que diferentes partes dele estariam em diferentes partes do espaço, excluindo outros objetos. Ainda assim, ele está em toda parte — completamente presente em cada ponto do espaço — segundo bons teólogos.

Estamos agora em condições de responder à perspectiva de que a cultura humana é uma futilidade inexcusável da parte de criaturas incumbidas dessas terríveis responsabilidades, como nós. Rejeito imediatamente a noção que predomina na mente de algumas pessoas modernas de que atividades culturais são por si só espirituais e meritórias — como se eruditos e poetas fossem intrinsecamente mais agradáveis a Deus do que catadores de lixo e engraxates. Creio que foi Matthew Arnold quem primeiro usou o termo inglês *spiritual* no sentido do alemão *geistlich*, inaugurando assim esse erro perigosíssimo e muito anticristão. Devemos nos livrar completamente dessa mentalidade. A obra de Beethoven e o trabalho de uma faxineira se tornam ambas espirituais precisamente na mesma condição, de serem oferecidas a Deus, de serem realizadas de maneira humilde "como para o Senhor". Isso não significa, é claro, que seja mera questão de sorte para cada um, se irá varrer salas ou compor sinfonias. Uma toupeira precisa cavar para a glória de Deus e um galo deve cantar. Somos membros de um corpo, mas membros diferentes, cada um com a sua vocação. A educação de uma pessoa, seus talentos, suas circunstâncias são geralmente um indicador aceitável de sua vocação. Se nossos pais nos mandaram para Oxford, se nosso país nos permite permanecer aqui, essa é uma evidência *prima facie* de que a vida que, em todo caso, é a melhor que podemos viver para a glória de Deus no presente, é a vida acadêmica. Ao dizer que podemos viver para a glória de Deus, não quero dizer, é claro, que devamos fazer com que qualquer das nossas tentativas de pesquisa intelectual deva redundar em conclusões edificantes. Isso seria o mesmo que, como diz Bacon, oferecer ao autor da verdade o sacrifício impuro de uma mentira. Refiro-me à busca pelo conhecimento e pela beleza num sentido que seja pela própria busca em si, mas num sentido que não exclua que seja também para Deus. Existe um apetite para essas coisas na mente humana, e Deus não faz nenhum apetite em vão. Podemos, dessa forma, buscar o conhecimento como tal, e a beleza como tal, com a confiança inabalável de que ao fazer isso estaremos progredindo em nossa própria visão de Deus, ou indiretamente ajudando outros a fazer o mesmo.

A BELEZA DO AMOR VULNERÁVEL

LEITURA DAS ESCRITURAS
Efésios 5:1-6
Salmos 5:5-12

Os quatro amores
("Caridade")

Não existe investimento seguro. O simples fato de se amar é uma vulnerabilidade. Ame alguma coisa e seu coração certamente ficará apertado e possivelmente partido. Se quiser ter certeza de que seu coração ficará intacto, não deve oferecê-lo a ninguém, nem mesmo a um animal. Use passatempos e pequenos luxos para envolvê-lo cuidadosamente; evite todas complicações; tranque-o de forma segura no caixão ou ataúde de seu egoísmo. No caixão — seguro, escuro, inerte, sem ar — ele mudará. Não será mais quebrado; se tornará inquebrável, impenetrável e irredimível. A alternativa para tragédia, ou pelo menos para o risco de tragédia, é a condenação. O único lugar fora do céu onde você pode ficar perfeitamente seguro de todos os problemas e perturbações do amor é o inferno.

Acredito que a maioria dos amores excessivos e sem lei são menos contrários à vontade de Deus do que uma vida sem amor, que se autoconvida e se autoprotege. É como esconder um talento num guardanapo e pela mesma razão dizer: "Eu sabia que o senhor é um homem severo". Cristo não ensinou e sofreu para que nos tornássemos mais cautelosos quanto à nossa própria felicidade — e isso até nos amores naturais. Se uma pessoa não é espontânea com seus queridos deste mundo a quem ele vê, é bem mais provável que também não o seja com relação a Deus, a quem ele não vê. Iremos nos aproximar mais de Deus, não ao tentar evitar os sofrimentos inerentes a todos os amores, mas ao aceitá-los e oferecê-los a Ele; lançando fora toda armadura defensiva. Se nossos corações precisam ser quebrados e ele escolher isso como a maneira pela qual deverão ser quebrados, que seja assim.

Certamente é verdade que todos os amores naturais podem ser excessivos. *Excessivo* não significa "insuficientemente cauteloso". Também não quer dizer "muito grande". Não é um termo quantitativo. Creio ser impossível amar algum ser humano simplesmente "demais". Poderíamos amar essa pessoa demais *em proporção* ao nosso amor por Deus; mas é a pequenez do nosso amor por Deus, e não a grandeza de nosso amor pelo ser humano, que constitui esse excesso. Mas mesmo isso precisa ser trabalhado. Se não for, causaremos problemas para alguns que estão claramente no caminho certo, mas alarmados porque não conseguem sentir por Deus uma emoção tão quente quanto a que sentem pela pessoa amada neste mundo. Deve-se desejar — ao menos eu penso assim — que todos nós, em todos os tempos, possamos sentir isso. Precisamos orar pedindo que essa dádiva nos seja concedida. Contudo, no que diz respeito ao nosso dever cristão, se amamos "mais" a Deus ou a pessoa amada deste mundo, a questão não se trata da intensidade comparativa de dois sentimentos. A verdadeira pergunta é: a quem (quando a opção chega) você serve, ou escolhe, ou põe em primeiro lugar? A qual exigência sua vontade, no fim das contas, se submete?

Como acontece muitas vezes, as próprias palavras de Nosso Senhor são ao mesmo tempo muito mais duras e toleráveis que as palavras dos teólogos. Ele nada diz sobre termos cuidado com os amores terrenos por causa do medo de sermos feridos; Ele diz algo que corta como um chicote sobre pisoteá-los debaixo dos pés no momento em que nos impedirem de seguir a Ele. "Se alguém vier a mim e não aborrecer [odiar][7] a seu pai, e mãe, e mulher... e sua própria vida, não pode ser meu discípulo" (Lucas 14.26 ARC).

SOBRE QUESTÕES OBSCURAS

LEITURA DAS ESCRITURAS
Isaías 56:1-7
Salmos 27: 4-9

The collected letters of C. S. Lewis

[As cartas coletadas de C. S. Lewis]
Volume III, 8 de novembro de 1952

*Lewis passou um tempo considerável respondendo a cartas.
Esta foi enviada a uma sra. Johnson, na qual ele respondeu
a uma série de perguntas que ela apresentou.*

"As pessoas têm outra chance após a morte? Refiro-me a Charles Williams."[8]

Distinguir: (A) uma segunda chance em sentido estrito, ou seja, uma nova vida terrena na qual você experimentaria de novo todos os problemas em que falhou na atual (como nas religiões de Re-Encarnação); (B) purgatório: um processo pelo qual a obra de redenção continua, e que talvez comece a ser perceptível após a morte. Acho que Charles Williams descreve B, não A.

"O que acontecerá se eu morrer como ateia?"

Nunca nos é dado qualquer conhecimento de: "O que teria acontecido se...".

"O que acontece com os judeus que ainda estão esperando pelo Messias?"

Eu penso que toda oração que é feita com sinceridade, mesmo a um deus falso ou a um Deus verdadeiro concebido de maneira muito imperfeita, é aceita pelo Deus verdadeiro e que Cristo salva muitos que pensam que não o conhecem. Pois Ele está (vagamente) presente no lado *bom* dos mestres inferiores que eles seguem. Na parábola das ovelhas e dos bodes (Mateus 25:31 e seguintes), aqueles que são salvos não parecem saber que serviram a Cristo. Mas é claro que nossa ansiedade em relação aos incrédulos é mais útil quando nos leva não à especulação, mas à fervorosa oração por eles e à tentativa de sermos bons anúncios do cristianismo de modo a torná-lo atraente.

"A Bíblia é infalível?"
É o próprio Cristo, não a Bíblia, que é a verdadeira palavra de Deus. A Bíblia, lida com o espírito correto e com a orientação de bons professores, nos levará a Ele. Quando se torna realmente necessário (ou seja, para nossa vida espiritual, não por controvérsia ou curiosidade) saber se uma passagem em particular foi corretamente traduzida ou se é um mito (mas, é claro, mito especialmente escolhido por Deus entre incontáveis mitos para transmitir uma verdade) ou história, sem dúvida seremos guiados para a resposta certa. Contudo, não devemos usar a Bíblia (nossos pais muitas vezes o faziam) como uma espécie de enciclopédia da qual os textos (isolados de seu contexto e lidos sem atenção a toda a natureza e ao significado dos livros em que ocorrem) podem ser tomados a fim de serem usados como armas.

"Se um ladrão matasse Eileen, eu estaria errada em querer que ele morresse?"
A questão do que você pode "querer" está fora de questão. A pena de morte pode ser errada, embora os parentes do assassinado o quisessem morto; pode estar certa, embora eles não o quisessem. A questão é se uma nação cristã deve ou não matar assassinos, não quais paixões os indivíduos interessados podem sentir.

"Matar em legítima defesa é certo?"
Não há dúvida de que o impulso natural de "revidar" deve ser combatido pelos cristãos sempre que surgir. Se alguém que amo é torturado ou assassinado, meu desejo de vingá-lo não deve ser abrigado. Quando nada além do que a questão de retaliação emerge, "dar a outra face"[9] é a lei cristã. No entanto, a questão é outra quando a autoridade pública neutra (*não* a pessoa ofendida) pode ordenar a morte de assassinos privados ou de inimigos públicos em massa. É bastante claro que nosso primeiro escritor cristão, São Paulo, aprovava a pena de morte — ele diz que "a autoridade [...] não porta a espada sem motivo".[10] Está registrado que, aos soldados que foram a São João Batista perguntando: "O que devemos fazer?", não foi dito para deixarem o exército.[11] Quando Nosso Senhor elogiou o Centurião, Ele nunca deu a entender que a profissão militar era pecaminosa em si mesma.[12] Esse tem sido o ponto de vista geral da cristandade. O pacifismo é uma variação m. recente e local. É claro que devemos respeitar e tolerar os pacifistas, mas acho que seu ponto de vista está errado.

"Será que vamos reconhecer nossos entes queridos no céu?"
Os símbolos sob os quais o Céu nos é apresentado são (a) um jantar, (b) um casamento, (c) uma cidade e (d) um concerto. Pode ser grotesco supor que os convidados ou cidadãos ou membros do coro não se conhecessem. E como pode o amor um ao outro ser ordenado nesta vida se deve ser interrompido na morte?

"Se Wayne não fosse para o céu, eu também não iria querer. O nome dele seria apagado do meu cérebro?"

Seja qual for a resposta, tenho certeza de que não é isso ("apagado do cérebro"). Quando eu tiver aprendido a amar a Deus mais do que à pessoa que me é mais querida na Terra, amarei a pessoa que me é mais querida na Terra mais do que agora. Na medida em que aprendo a amar a pessoa que me é mais querida na Terra às custas de Deus e *em lugar* de Deus, estarei me movendo para o estado em que não amarei a pessoa que me é mais querida na Terra de forma alguma. Quando as primeiras coisas são colocadas em primeiro lugar, as coisas secundárias não são suprimidas, mas aumentadas. Se você e eu amarmos a Deus perfeitamente, a resposta a essa pergunta atormentadora ficará clara e será muito mais bonita do que se pode jamais imaginar. Não podemos tê-la agora.

EXAMINANDO IDEIAS DE OUTRAS RELIGIÕES A RESPEITO DO CÉU

Leitura das Escrituras
João 14:1-7
Salmos 139:7-12

Lendo os Salmos
("Morte nos Salmos")

Ao ler sobre o Egito antigo, fica-se com a impressão de uma cultura em que o principal objetivo da vida era tentar garantir o bem-estar dos mortos. Parece que Deus não queria que o povo escolhido seguisse esse exemplo. Podemos perguntar por quê. É possível que os homens se preocupem demais com seu destino eterno? Em certo sentido, por mais paradoxal que pareça, devo responder que sim.

Pois a verdade me parece ser que a felicidade ou a miséria além da morte, simplesmente em si mesmas, nem mesmo são assuntos religiosos. Um homem que acredita nelas com certeza será prudente em buscar uma e evitar a outra. Mas isso parece ter tanto a ver com religião como cuidar da saúde ou economizar dinheiro para a velhice. A única diferença aqui é que os riscos são muito mais altos. E isso significa que, com uma convicção real e constante, as esperanças e ansiedades suscitadas são avassaladoras. Mas elas não são, por isso, as mais religiosas que o homem tem. São esperanças sobre si mesmo, ansiedades sobre si mesmo. Deus não está no centro. Ele ainda é importante apenas por causa de outra coisa. Na verdade, tal crença pode existir sem que haja crença alguma em Deus. Os budistas estão muito preocupados com o que lhes acontecerá após a morte, mas não são, em nenhum sentido verdadeiro, teístas.

É, portanto, certamente muito possível que, quando Deus começou a se revelar aos homens — para mostrar-lhes que Ele, e nada mais, é o verdadeiro objetivo e a satisfação das necessidades deles, e que Ele tem direito sobre eles simplesmente por ser o quem é, independentemente de qualquer coisa que possa conceder ou negar —, pode ter sido absolutamente necessário que essa revelação não começasse com qualquer indício de Bem-aventurança ou Perdição futuras. Esse não era o ponto certo com o qual começar. Uma crença efetiva nessas coisas, chegando muito prematuramente, pode até tornar quase impossível o desenvolvimento (por assim dizer) do apetite por Deus; esperanças e medos pessoais, obviamente excitantes, teriam se apresentado primeiro. Mais tarde, quando, após séculos de treinamento espiritual, os homens aprenderam a desejar e a adorar a Deus, a ansiar por Ele "como a corça"[13], é outra questão. Pois então aqueles que amam a Deus desejarão não apenas gozá-lo, mas "gozá-lo para sempre"[14], e terão medo de perdê-lo. E é por essa porta que uma esperança verdadeiramente religiosa do Céu e o medo do Inferno podem entrar; como corolários de uma fé já centrada em Deus, não como coisas de qualquer peso independente ou intrínseco. É até argumentável que, no momento em que "Céu" deixa de significar união com Deus e "Inferno" deixa de significar separação Dele, a crença em qualquer um deles é uma superstição perniciosa; pois então temos, por um lado, uma crença meramente "compensatória" (uma "sequência" para a triste história da vida, em que tudo "vai dar certo") e, por outro, um pesadelo que leva os homens a asilos ou os torna opressores.

Felizmente, graças à boa providência de Deus, uma crença forte e firme daquele tipo egoísta e sub-religioso é extremamente difícil de manter, e talvez só seja possível para aqueles que são ligeiramente neuróticos. A maioria de nós acha que nossa crença na vida futura é forte apenas quando Deus está no centro de nossos pensamentos; que se tentarmos usar a esperança do "Céu" como uma compensação (mesmo para a miséria mais inocente e natural: a do luto) ela se desintegra. Ela pode, nesses termos, ser mantida apenas por árduos esforços de imaginação controlada; e sabemos no coração que a imaginação é de nossa própria conta. Quanto ao Inferno, muitas vezes tenho sido atingido, ao ler os "sermões com o fogo do inferno" de nossos clérigos mais velhos — com os esforços desesperados que fazem para tornar esses horrores vívidos para seus ouvintes —, por seu espanto de que os homens, com tais horrores pairando sobre si, possam viver tão descuidadamente quanto o fazem. Mas talvez não seja realmente espantoso. Talvez os clérigos estejam apelando, no nível da prudência egocêntrica e do terror egocêntrico, a uma crença que, nesse nível, não pode realmente existir como uma influência permanente sobre a conduta — embora, é claro, possa ser elaborada por alguns minutos, ou mesmo horas, entusiasmados.

ENCONTRANDO FILOSOFIAS SOBRE A MORTE

LEITURA DAS ESCRITURAS
Colossenses 2:2-6
Salmos 140:1-8

O problema da dor
("O sofrimento humano")

A vontade de Deus é determinada por sua sabedoria, que sempre percebe, e por sua bondade, que sempre acolhe, o que é intrinsecamente bom. Mas quando dissemos que Deus comanda as coisas apenas porque são boas, devemos acrescentar que uma das coisas intrinsecamente boas é que as criaturas racionais devem se render livremente a seu Criador em obediência. O conteúdo de nossa obediência — a coisa que somos ordenados a fazer — sempre será algo intrinsecamente bom, algo que devemos fazer mesmo que (por uma suposição impossível) Deus não o tivesse ordenado. Mas, além do conteúdo, a mera obediência também é intrinsecamente boa, pois, ao obedecer, uma criatura racional realiza conscientemente seu *papel* de criatura, reverte o ato pelo qual caímos, segue os passos da dança de Adão de modo regressivo e retorna ao princípio.

Portanto, concordamos com Aristóteles: o que é intrinsecamente certo pode muito bem ser agradável, e que quanto melhor um homem, mais ele gostará disso; mas concordamos com Kant[15] quando ele diz que existe um único ato correto — o da autoentrega — que não pode ser desejado como deve pelas criaturas caídas, a menos que seja desagradável. E devemos acrescentar que esse único ato correto inclui todas as outras justiças, e que o cancelamento supremo da queda de Adão, o movimento "a toda velocidade à popa", pelo qual refazemos nossa longa jornada desde o Paraíso, o desatar do velho e difícil nó, deve ser quando a criatura, sem nenhum desejo de ajudá-la, desnuda diante da mera vontade de obedecer, abraça o que é contrário à sua natureza e faz aquilo para o qual apenas um motivo é possível. Tal ato pode ser descrito como um "teste" do retorno da criatura a Deus: por isso, nossos pais disseram que problemas foram "enviados para nos provar".[16] Um exemplo conhecido é a "provação" de Abraão quando recebeu a ordem de sacrificar Isaque.[17] Não estou preocupado agora com a historicidade ou a moralidade dessa história, mas com a questão óbvia: "Se Deus é onisciente, Ele sabia o que Abraão faria, sem qualquer experiência; por que, então, essa tortura desnecessária?" No entanto, como Santo Agostinho aponta, seja o que for que Deus soubesse, Abraão, de qualquer forma, não sabia que sua obediência poderia suportar tal ordem até que o evento o ensinasse; e a obediência que ele não sabia que escolheria, ele não podia dizer que a escolheu. A realidade da obediência de Abraão foi o próprio ato; e o que Deus soube ao saber que Abraão "obedeceria" foi a obediência real de Abraão no topo da montanha naquele momento. Dizer que Deus "não precisava ter feito o experimento" é dizer que, porque Deus sabe, aquilo que Deus conhece não precisa existir.

Se a dor às vezes destrói a falsa autossuficiência da criatura, ainda na suprema "Provação" ou no supremo "Sacrifício", ela lhe ensina a autossuficiência que realmente deveria ser sua — a "força que, se o Céu a deu, pode ser chamada de sua própria":[18] pois nesse momento, na ausência de todos os motivos e apoios meramente naturais, ele age naquela força, e somente naquela, que Deus confere a ele por meio de sua vontade sujeita. A vontade humana torna-se verdadeiramente criativa e verdadeiramente do homem quando é totalmente de Deus, e esse é um dos muitos sentidos em que aquele que perde sua alma a encontrará.[19] Em todos os outros atos, nossa vontade é alimentada pela natureza, isto é, por outras coisas criadas além do eu — por meio dos desejos que nosso organismo físico e nossa hereditariedade nos fornecem. Quando agimos somente por nós mesmos — isto é, a partir de Deus *em* nós mesmos —, somos cola-boradores ou instrumentos vivos da criação: e é por isso que tal ato desfaz, com "murmúrios de trás para frente com poder de desunir",[20] o feitiço não criativo que Adão lançou sobre sua espécie. Portanto, como o suicídio é a expressão típica do espírito estoico e a batalha do espírito guerreiro, o martírio permanece sempre a suprema repre-sentação e perfeição do cristianismo. Essa grande ação foi iniciada por nós, feita para nosso benefício, exempli-ficada para nossa imitação e inconcebivelmente comuni-cada por Cristo no Calvário a todos os que creem. Lá, o grau de aceitação da Morte atinge os limites extremos do imaginável, e talvez vá além deles; não apenas todos os apoios naturais, mas a presença do próprio Pai a quem o sacrifício é feito abandona a vítima, e a entrega a Deus não vacila, embora Deus a "abandone".[21]

ONDE ESTÁ DEUS?

LEITURA DAS ESCRITURAS
Mateus 11:25-30
Salmos 68:17-21

A grief observed

[Um luto em observação]
"Capítulo 1"

Lewis se casou bem tarde, com Joy, e, poucos anos após o casamento, ela morreu. A Grief Observed [Um luto em observação] é sobre aquele momento doloroso.

E ninguém nunca me falou sobre a preguiça do luto. Exceto em meu trabalho — em que a máquina parece funcionar como de costume —, eu detesto o menor esforço. Não só escrever, mas mesmo ler uma carta é demais. Até mesmo fazer a barba. O que importa agora se minha bochecha é áspera ou macia? Dizem que um homem infeliz deseja distrações — algo que o tire de si mesmo. É como um homem exausto que quer um cobertor a mais em uma noite fria; ele prefere ficar lá tremendo a se levantar e encontrar um. É fácil ver por que o solitário se torna desmazelado, e, por fim, sujo e nojento.

Enquanto isso, onde está Deus? Esse é um dos sintomas mais inquietantes. Quando você está feliz, tão feliz que não tem a sensação de precisar Dele, tão feliz que é tentado a sentir as reivindicações Dele sobre você como uma interrupção, se você se lembrar de si mesmo e se voltar para Ele com gratidão e louvor, você será — ou assim parece — recebido de braços abertos. Mas vá a Ele quando sua necessidade for desesperadora, quando todas as outras ajudas forem em vão, e o que você encontrará? Uma porta batida na sua cara, e um som de tranca, e tranca dupla, do lado de dentro. Depois disso, silêncio. Você também pode se afastar. Quanto mais você esperar, mais enfático se tornará o silêncio. Não há luzes nas janelas. Pode ser uma casa vazia. Já foi habitada? Uma vez pareceu ser. E essa aparência era tão forte quanto o é agora. O que isso significa? Por que Ele é um comandante tão presente em nossos tempos de prosperidade e uma ajuda tão ausente em tempos de dificuldades?

Tentei transmitir alguns desses pensamentos a C. esta tarde. Ele me lembrou de que a mesma coisa parece ter acontecido com Cristo: "Por que me abandonaste?".[22] Eu sei. Isso torna a coisa mais fácil de entender?

Não que eu esteja (eu acho) em grande perigo de deixar de crer em Deus. O perigo real é passar a crer em coisas tão terríveis sobre Ele. A conclusão que temo não é: "Então, não existe Deus nenhum", mas: "Então, é assim que Deus realmente é. Não se engane mais."

Nossos antepassados se submeteram e disseram: "Seja feita a tua vontade".[23] Quantas vezes o ressentimento amargo foi sufocado por puro terror, e um ato de amor — sim, em todos os sentidos, um ato — foi imposto para esconder a operação?

[1]Lewis cita o poema "Eternity" [Eternidade]: "Aquele que se deixa prender por uma única alegria, / destrói a alada vida, / mas aquele que beija a alegria enquanto ela voa, / vive no amanhecer da eternidade".

[2]Platão criou a Teoria das Formas (ou das Ideias), segundo a qual as formas abstratas, não materiais, têm o tipo mais elevado e fundamental de realidade, sendo substanciais e imutáveis, mesmo não tendo existência física.

[3]Lewis refere-se ao pensamento de Aristóteles (384 a.C. – 322 a.C.), filósofo grego. Para ele, substância é o suporte ou o substrato pelo qual a matéria forma algo, seguindo uma forma. A substância é sempre sujeito, ou seja, aquilo de que algo é dito, a que se atribui algo, enquanto os acidentes são suas propriedades não essenciais, em contraste com as essenciais.

[4]"Nós [...] te damos graças por tua grande glória, ó Senhor Deus, Rei do céu, Deus Pai Onipotente" (LOC, p. 84). Trecho do Gloria in excelsis, hino cantado após a Santa Comunhão.

[5]O verbo interanimating foi, ao que parece, cunhado por John Donne, no poema "The Ecstasy" [O êxtase], 11a estrofe. Lewis o usa em vários de seus livros.

[6]Thomas à Kempis, A imitação de Cristo, II.10.4.

[7]No grego, miseō, isto é, odiar, detestar, amar menos.

[8]Charles Walter Stansby Williams (1886–1945), poeta, novelista, teólogo e crítico literário britânico, era colega de Lewis no grupo literário The Inklings.

[9]Referência a Mateus 5:39.

[10]Romanos 13:3,4.

[11]Lucas 3:14.

[12]Mateus 8:5-10.

[13]Salmos 42:1.

[14]Segundo o Breve Catecismo de Westminster, escrito entre 1646 e 1647 pela Assembleia de Westminster, que foi um sínodo de teólogos e leigos ingleses e escoceses, "o fim principal do homem é glorificar a Deus e gozá-lo para sempre".

[15]Immanuel Kant (1742–1804), filósofo alemão, criador da filosofia crítica, em que procurava determinar os limites da razão e analisar o motivo das ações humanas e a relação delas com a moral.

[16]Referência a Deuteronômio 8:1,2.

[17]Gênesis 22.

[18]Citação do poema "Comus", v. 419, de John Milton (1608—1674), poeta e historiador inglês, autor de Paraíso perdido.

[19]Mateus 16:24,25.

[20]"Comus", v. 817. A expressão se refere a feitiços que, sussurrados de trás para frente, dissolvem os encantamentos que haviam produzido.

[21]Referência a Mateus 27:46.

[22]Ver nota anterior.

[23]Mateus 6:10.

semana

CINCO

NOVAS MANEIRAS DE RECONHECER A GLÓRIA DO DIA A DIA

LEITURA DAS ESCRITURAS
Mateus 13:18-26
Salmos 25:1-7

O peso da glória
("O peso da glória")

Talvez pareça muito primitivo descrever a glória como o fato de ser "notado" por Deus, mas essa é quase a linguagem do Novo Testamento. O apóstolo Paulo promete àqueles que amam a Deus não que conhecerão a Deus, como seria de se esperar, mas que serão conhecidos por Deus (1Coríntios 8:3). É uma promessa estranha. Será que Deus não está ciente de todas as coisas o tempo todo? Entretanto, isso ecoa terrivelmente em outra passagem do Novo Testamento. Ali, somos advertidos de que isso poderá acontecer a qualquer um de nós, o momento de aparecer finalmente diante da face de Deus e ouvir apenas as palavras desesperadoras: "Nunca os conheci. Afastem-se de mim". De certa forma, tão obscuro para o intelecto quanto insuportável para as emoções, poderemos ser banidos da presença daquele que está presente em todo lugar e eliminados do conhecimento daquele que a tudo conhece. Poderemos ser deixados total e absolutamente *do lado de fora* — repelidos, exilados, alienados e cabal e indescritivelmente ignorados. Por outro lado, podemos ser chamados, bem-vindos, recebidos, reconhecidos. Andamos todos os dias sobre o fio da navalha entre essas duas possibilidades incríveis. Aparentemente, então, a nostalgia que sentimos por toda a vida, nosso anseio por sermos reunidos à alguma coisa no universo da qual nos sentimos agora separados, por estar do lado de dentro de alguma porta que sempre avistamos pelo lado de fora, não é um capricho neurótico, mas o mais verdadeiro indicador de nossa situação. Ser, finalmente, convidado para entrar seria uma glória e honra além de todos os nossos méritos e, também, a cura para uma velha dor.

E isso me leva para o outro sentido da glória — a glória como brilho, esplendor, luminosidade. Fomos feitos para brilhar como o Sol, para receber a Estrela da Manhã. Acredito que começo a ver o que isso significa. De certo modo é claro que Deus já nos deu a Estrela da Manhã: você pode sair e apreciar a dádiva nas melhores manhãs, se levantar da cama cedo. Você pode perguntar o que mais poderíamos pedir. Ah, mas queremos muito mais do que isso — alguma coisa a que os livros sobre estética dão pouca atenção. Contudo, os poetas e as mitologias conhecem tudo a respeito disso. Não desejamos meramente *ver* a beleza, embora, sabe Deus, mesmo isso já seria uma recompensa e tanto. Queremos algo mais que não pode ser posto em palavras — ser unidos à beleza que vemos, estar nela e recebê-la em nós mesmos, nos banhar nela, nos tornar uma parte dela. É por isso que povoamos o ar, a terra e a água com deuses e deusas, ninfas e elfos — para que, embora não consigamos, ainda assim essas projeções possam apreciar em si mesmas aquela beleza, graça e poder de que a natureza é a imagem. É por isso que os poetas nos contam essas falsificações tão amáveis. Falam como se o vento oeste fosse de fato penetrar uma alma humana; mas não pode. Dizem a nós que "a beleza nascida de um som murmurante" vai adentrar um rosto humano; mas não irá. Pelo menos, não por ora, pois, se levarmos a sério o imaginário das Escrituras, se crermos que algum dia Deus nos *dará* a Estrela da Manhã e fará com que *vistamos* o esplendor do Sol, então poderemos especular que tanto os mitos antigos quanto a poesia moderna, tão falsos quanto a história, poderão estar muito perto da verdade na forma de profecia. No presente, estamos no lado de fora do mundo, do lado errado da porta. Discernimos o frescor e a pureza da manhã, mas ambos não nos tornam novos e puros. Não conseguimos nos envolver no esplendor que vemos, mas todas as páginas do Novo Testamento sussurram umas às outras o rumor de que as coisas não serão sempre assim. Um dia, permitindo Deus, nós *entraremos*. Quando as almas humanas se tornarem tão perfeitas em obediência voluntária, como é a criação inanimada em sua obediência sem vida, então essas almas vestirão sua glória, ou melhor, a glória maior da qual a natureza é somente um primeiro esboço, pois não estou propondo nenhuma fantasia pagã de ser absorvido na natureza. A natureza é mortal; iremos viver mais do que ela. Quando todos os sóis e nebulosas tiverem morrido, cada um de vocês ainda estará vivo. A natureza é apenas a imagem, o símbolo; mas é o símbolo que as Escrituras me convidam a usar. Somos convidados para transpor a natureza, para irmos além do esplendor que ela refletiu.

E uma vez dentro, para além da natureza, comeremos da Árvore da Vida. No presente fomos renascidos em Cristo, o espírito em nós vive diretamente de Deus; mas a mente e, mais ainda, o corpo, recebem vida dele há milhares e milhares de gerações — por meio de nossos antepassados, nossos alimentos, pelos elementos naturais. Os fracos e distantes resultados daquelas energias que o êxtase criativo de Deus implantou na matéria, quando fez os mundos, são aquilo que agora denominamos prazeres físicos; e mesmo filtrados dessa forma, são demasiados para serem administrados no presente. Como será provar da própria fonte cujas emanações, mesmo que na dimensão inferior, se provam tão intoxicantes? No entanto, é isso que creio estar diante de nós. O homem inteiro deve beber alegria da fonte da alegria. Como disse Agostinho, o êxtase da alma salva irá "transbordar" para o corpo glorificado. À luz de nossos presentes apetites, específicos e depravados, não podemos imaginar essa *torrens voluptatis* [torrente de prazer], e exorto muito seriamente cada um a não tentar. No entanto, é necessário mencionar que se abandonem pensamentos ainda mais enganosos — pensamentos de que aquilo que é salvo é um mero fantasma, ou que o corpo ressurreto vive numa espécie de insensibilidade dormente. O corpo foi feito para o Senhor, e essas infelizes ideias erram o alvo por muito.

Enquanto isso, a cruz vem antes da coroa e amanhã de manhã é segunda-feira. Uma ruptura se abriu nas impiedosas muralhas do mundo, e somos convidados a seguir o nosso grande Capitão para dentro delas. Segui-lo, claro, é o ponto essencial. Sendo assim, pode-se perguntar qual seria o uso prático dessas especulações pelas quais estou me deixando levar. Posso imaginar pelo menos um uso prático. É possível que alguém pense exageradamente sobre sua potencial glória futura; dificilmente ele pensará muito frequentemente ou profundamente sobre a glória de seu próximo. O fardo, ou o peso, ou o ônus da glória de meu próximo deveria ser depositado sobre as minhas costas, um fardo tão pesado que somente a humildade é capaz de carregar, e o peso esmagará o orgulhoso. É coisa séria viver numa sociedade de possíveis deuses e deusas, e lembrar que a pessoa mais chata e desinteressante com quem você pode conversar poderá um dia ser uma criatura que, se você a visse agora, seria fortemente tentado a adorar; ou, então, um horror e uma corrupção tal qual você encontra agora, se for o caso, apenas num pesadelo. O dia todo, em certo sentido, ajudamos uns aos outros a chegar a um desses dois destinos. É à luz dessas possibilidades irrefutáveis, é com a reverência e a circunspecção que as caracterizam que deveríamos conduzir nossas interações uns com os outros, todas as amizades, todos os amores, toda diversão, toda política. Não existem pessoas *comuns*. Você nunca conversou com um mero mortal. Nações, culturas, artes, civilizações — essas coisas são mortais, e a vida dessas coisas é para nós como a vida de um mosquito. No entanto, é com os imortais que nós fazemos piadas, trabalhamos e casamos; são os imortais aqueles a quem esnobamos e exploramos — horrorosos imortais ou eternos esplendorosos. Isso não significa que devamos ter uma atitude solene o tempo todo. Devemos participar do jogo. Mas a nossa alegria deveria ser do tipo (e, de fato, é a mais alegre possível) que existe entre as pessoas que, desde o início, levam-se

mutuamente a sério — sem leviandade, sem superioridade, sem presunção. Nossa caridade deve ser um amor
real e custoso, com sentimento profundo pelos pecados,
apesar dos quais amamos o pecador — não simplesmente tolerância, ou a indulgência que faz do amor uma
paródia, como a leviandade parodia a alegria. Muito
próximo dos *elementos* do sacramento da Ceia do Senhor,
seu próximo é o *elemento* mais santo percebido pelos
sentidos. Se seu próximo for cristão, ele será santo num
sentido quase tão semelhante, pois nele Cristo também
está *vere latitat* — o glorificador e o glorificado, o próprio
Deus da Glória está verdadeiramente oculto.

....

EM UM ÔNIBUS
PARA O CÉU

LEITURA DAS ESCRITURAS
Romanos 8:14-25
Salmos 25:1-7

O grande divórcio
("Treze")

*O grande abismo: um sonho é uma história sobre
pessoas em um ônibus viajando do Inferno para o Céu.
Esta conversa ocorre no Céu.*

A exigência, dos que não têm amor e dos que se autoaprisionam, de que lhes seja permitido chantagear o universo; de que, até que optem pela felicidade (nos seus próprios termos), ninguém possa experimentar a alegria; de que a palavra final seja deles; de que o Inferno tenha poder de *veto* sobre o Céu.

— Não sei o que quero, senhor.

— Filho, filho... deve ser uma coisa ou outra. Ou chegará o dia em que a alegria prevalecerá e todos os criadores de desgraças já não poderão mais corrompê-la, ou, para todo o sempre, os criadores de desgraças poderão arruinar a felicidade que existe nos outros e que rejeitam para si mesmos. Sei que soa grandioso dizer que não aceitará qualquer salvação que deixe uma criatura sequer do lado de fora, nas trevas. Mas cuidado com esse sofisma; desse jeito, fará do Cão na Manjedoura[1] o tirano do universo.

— Só que alguém ousaria alegar (é horrível dizer isso) que a Compaixão deve morrer?

— Você deve distinguir uma coisa da outra. A ação da Compaixão viverá para sempre; o sentimento da Compaixão, não. O sentimento da Compaixão, aquele do qual somos vítimas, a dor que leva pessoas a entregarem o que não deve ser entregue e a bajularem quando deveriam dizer a verdade — a Compaixão que roubou muitas mulheres de sua virgindade e furtou muitos governantes de sua honestidade —, esse sentimento morrerá. Como arma, foi usado por homens perversos contra os bons, então será destruído.

— E quanto ao outro tipo... a ação da Compaixão?

— É uma arma do lado oposto. Viaja mais rapidamente do que a luz, do lugar mais alto para o mais baixo, a fim de trazer cura e alegria, custe o que custar. Transforma as trevas em luz e o mal em bem. Mas não imporá ao bem, pelas lágrimas astutas do Inferno, a tirania do mal. Toda doença que se submeter à cura será curada, mas não chamaremos o azul de "amarelo" para agradar aos que insistem em sofrer de icterícia nem transformaremos em lixo o jardim do mundo só porque alguns não conseguem suportar o perfume das rosas.

— O senhor diz que a ação da Compaixão desceria até as maiores profundezas. Mas ela não desceu com o Frank para o Inferno. Nem sequer o acompanhou até o ônibus.

—Até onde você gostaria que ela o tivesse acompanhado?

— Ora, até o lugar de onde todos viemos naquele ônibus: o grande abismo, para além da beira do penhasco. Lá longe. Não podemos vê-lo daqui, mas o senhor deve conhecer o lugar a que me refiro.

Meu Professor deu um sorriso curioso.

— Olhe — disse ele e, a seguir, se pôs de joelhos, com as palmas das mãos no chão. Fiz o mesmo (como doeram os meus joelhos!) e logo vi que ele havia arrancado uma folha de grama. Usando sua extremidade fina como um ponteiro, me fez ver, depois de eu olhar atentamente, uma fenda no solo, tão pequena que eu não seria capaz de identificá-la sem que ele a mostrasse.

— Não posso afirmar com precisão — continuou — que você veio *desta* fenda. No entanto, se veio por outra, sem dúvida não foi por uma maior do que esta abertura.

— Mas... mas... — hesitei, com uma sensação de perplexidade que beirava o terror. — Vi um abismo infinito e penhascos que se elevavam cada vez mais. Em seguida, vi *este* lugar, no topo dos penhascos.

— Sim, mas a viagem não foi uma mera locomoção. Aquele ônibus e todos dentro dele aumentaram de *tamanho*.

— Quer dizer que o Inferno, toda aquela cidade vazia e infinita, está contido em uma fenda pequena como esta?

— Sim. O Inferno todo é menor do que uma pedrinha do seu mundo terreno; mas é ainda menor do que um átomo *deste* mundo, o Mundo Real. Repare naquela borboleta. Se ela engolisse o Inferno inteiro, ele não seria grande o suficiente para lhe fazer nenhum mal. Nem sequer teria algum sabor.

— Parece grande o suficiente quando estamos dentro dele, senhor.

— Sim, mas mesmo todos os incômodos do Inferno — toda a solidão, a raiva, o ódio e a inveja — não teriam peso algum se, reunidos em uma única experiência e colocados na balança, fossem comparados com o momento mais irrisório de alegria sentido pelo menor habitante do Céu. Ao contrário do bem, que prevalece na bondade, o mal não consegue ter sucesso nem sequer na maldade.

Se toda a miséria do Inferno entrasse na consciência do pequeno pássaro amarelo que se encontra ali naquele galho, seria engolida sem deixar vestígios, como se uma gota de tinta caísse naquele Grande Oceano, perante o qual o Pacífico terrestre não passa de uma molécula.

— Entendo — reconheci, finalmente. — A Senhora não *caberia* no Inferno.

Meu Professor assentiu com a cabeça.

— Não há espaço para ela — concluiu. — O Inferno não conseguiria abrir a boca o suficiente para a Senhora entrar.

— E ela não poderia diminuir de tamanho, como a Alice?[2]

— Não conseguiria ficar pequena o suficiente. Uma alma condenada não é, afinal, quase nada: é algo encolhido, trancado em si mesmo. O bem bate nos condenados incessantemente, como as ondas sonoras batem nos ouvidos dos surdos, embora eles não consigam recebê-lo. Seus punhos e dentes estão cerrados; seus olhos, bem fechados. De início, eles não desejam abrir as mãos para receber dádivas, nem a boca para serem alimentados, nem os olhos para ver. No final, já não conseguem mais.

— Então ninguém pode alcançá-los?

— Somente o Maior de Todos pode se tornar pequeno o suficiente para entrar no Inferno, pois, quanto mais elevada for uma coisa, mais baixo será capaz de descer. Um homem pode se compadecer de um cavalo, mas um cavalo não pode se compadecer de um rato. Apenas Um desceu ao Inferno.

— E ele descerá novamente?

— Não faz muito tempo que ele fez isso. O tempo não funciona da mesma maneira quando deixamos a Terra. Todos os momentos que foram ou hão de ser já estavam, ou ainda estão, presentes no momento da descida dele. Não há espírito preso ao qual ele não tenha pregado.[3]

SOBRE O MISTÉRIO DA MORTE

LEITURA DAS ESCRITURAS
Hebreus 13:11-16
Salmos 116:1-7

Milagres
("O grande milagre")

Cristo derramou lágrimas no túmulo de Lázaro e suou sangue no Getsêmani:[4] a Vida de Vidas que nele estava detestava essa obscenidade penal, não menos do que nós, e sim mais. Por outro lado, somente quem perde a vida a salvará.[5] Somos batizados na *morte* de Cristo,[6] e isso é o remédio para a Queda. A Morte é, de fato, o que algumas pessoas modernas chamam de "ambivalente". É a grande arma de Satanás e também a grande arma de Deus: ela é santa e profana; nossa suprema desgraça e nossa única esperança; a coisa que Cristo veio conquistar e o meio pelo qual ele a conquistou.

É claro que penetrar em todo esse mistério está muito além de nosso poder. Se o padrão de Descender e Reascender é (como parece provável ser) a própria fórmula da realidade, então, no mistério da Morte, o segredo dos segredos está oculto. Mas algo deve ser dito a fim de colocar o Grande Milagre na devida perspectiva. Não precisamos discutir a Morte no mais alto de todos os níveis: a matança mística do Cordeiro "antes da fundação do mundo"[7] está acima de nossas especulações. Nem precisamos considerar a Morte no nível mais baixo. A morte de organismos que nada mais são do que organismos que não desenvolveram personalidade não nos interessa. Sobre isso, podemos sem dúvida dizer, como algumas pessoas espiritualmente dispostas nos diriam sobre a morte humana, que isso "não importa". Mas a surpreendente doutrina cristã sobre a Morte humana não pode ser ignorada.

A Morte humana, segundo os cristãos, é resultado do pecado humano; o Homem, como originalmente criado, estava imune a ela. O Homem, quando redimido e chamado de volta para uma nova vida (que, em certo sentido indefinido, será uma vida corporal) em meio a uma Natureza mais orgânica e mais plenamente obediente, será uma vez mais imune a isso.[8] É claro que essa doutrina é de todo absurda se um homem não passa de um organismo Natural. Mas se ele o fosse, então, como vimos, todos os pensamentos seriam igualmente absurdos, pois todos teriam causas irracionais. O homem deve, portanto, ser um ser composto — um organismo natural ocupado por, ou em estado de *simbiose* com, um espírito sobrenatural. A doutrina Cristã, por mais surpreendente que pareça para aqueles cujas mentes não foram limpas do Naturalismo, afirma que as relações que agora observamos entre esse espírito e esse organismo são anormais ou patológicas. Hoje em dia, o espírito pode manter sua posição segura diante dos incessantes contra--ataques da Natureza (tanto fisiológicos quanto psicológicos) apenas por perpétua vigilância, e a Natureza fisiológica sempre a derrota no final. Mais cedo ou mais tarde, ela se torna incapaz de resistir aos processos de desintegração em ação no corpo, e a morte ocorre. Um pouco mais tarde, o organismo Natural (pois ele não desfruta por muito tempo de seu triunfo) é igualmente conquistado pela Natureza meramente física e retorna ao inorgânico. Mas, no ponto de vista cristão, isso nem sempre foi assim. O espírito em certo tempo não era uma guarnição, mantendo seu posto com dificuldade em uma Natureza hostil, mas estava totalmente "em casa" com seu organismo, como um rei em seu próprio país ou um cavaleiro em seu próprio cavalo — ou melhor ainda, como a parte humana de um Centauro estava "em casa" com a parte equina. Onde o poder do espírito sobre o organismo era completo e sem resistência, a morte nunca ocorreria. Sem dúvida, o triunfo permanente do espírito sobre as forças naturais que, se deixadas por si mesmas, matariam o organismo, envolveria um milagre contínuo; mas apenas o mesmo tipo de milagre que ocorre todos os dias — pois, sempre que pensamos racionalmente, estamos, por meio do poder espiritual direto, forçando certos átomos em nosso cérebro e certas tendências psicológicas em nossa alma natural a fazer o que nunca teriam feito se deixadas à Natureza. A doutrina cristã seria fantástica apenas se a atual situação de fronteira entre espírito e Natureza em cada ser humano fosse tão inteligível e autoexplicativa que logo "veríamos" que ela era a única que jamais poderia existir.

SONETOS SOBRE O CÉU

LEITURA DAS ESCRITURAS
Apocalipse 3:19-22
Salmos 78:23-39

Poems

[Poemas]
"Cinco sonetos"

1.

Você acha que nós, que não gritamos e não agitamos
Nossos punhos contra Deus quando a juventude ou a
bravura morrem,
Temos sangue mais frio ou coração menos propenso a doer
Do que o seu, que injuria. Eu sei que você o faz. Mas por quê?
Você tem o que a tristeza sempre deseja encontrar:
Alguém para culpar, algum inimigo supremo;
A raiva é o anestésico da mente,
Faz bem aos homens, enfraquece-lhes a dor.
Sentimos o golpe como você; até agora nosso destino
É igual. Depois disso, para nós começam
Trabalhos sem esperança, aprendendo a não odiar,
E então querer, e então (talvez) vencer
Um conforto elevado e sobrenatural, comida de anjo,
Que parece, à primeira vista, zombaria para carne e sangue.

2.

Há um repouso, uma segurança (até mesmo um sabor
De algo como vingança?) em permanente desespero
Que a nós é proibido. Temos de nos levantar com pressa
E começar a subir o que parece uma escada louca.
Nosso consolo (pois somos consolados,
Tantos de nós, quero dizer, que sobraram
Depois que o processo terrível se estendeu)

146

Pela privação de um nos torna mais desolados.
Ela pede tudo o que temos, até o último fragmento;
Leia Dante, que conheceu o melhor e o pior —
Ele estava enlutado e ele foi consolado
— Ninguém nega, confortado — mas primeiramente
Desceu até o centro congelado, subiu pela vasta
Montanha de dor, de mundo em mundo, ele passou.

3.
Disto temos certeza: ninguém que ousou bater
Às portas do céu por conforto terreno encontrou
Sequer uma porta — apenas uma rocha lisa e sem fim,
E, salvo o eco de seu clamor, nenhum som.
É perigoso ouvir; você vai começar
A imaginar que esses ecos (a esperança pode fazer
Truques desprezíveis) são respostas de dentro;
Muito melhor voltar-se, sombriamente sensato, e ir embora.
O Céu não pode, portanto, a Terra nunca pode, dar
O que queremos. Nós perguntamos o que não está lá,
E por causa de nosso pedir água e de tornar viva
Aquela mesma parte do amor que deve se desesperar
E morrer e descer frio à terra
Antes que se fale da primavera e do renascimento.

4.
Exponha suas demandas ao alto, e elas serão atendidas.
Peça a Estrela da Manhã e leve (incluído)
Seu amor terreno. Por quê? Sim; mas como colocar
O pé no primeiro degrau, como começar?
O silêncio de uma voz em nossos ouvidos
Choca-se como as ondas; a manhã colorida parece

Uma vaidade mentirosa; o rosto que amamos aparece
Mais tênue a cada noite, ou mais espectral, em nossos sonhos.
"Aquele longo caminho que Dante trilhou foi feito
Para santos poderosos e místicos, não para mim",
Assim a Natureza lamenta. No entanto, se alguma vez concordarmos
Com a voz da Natureza, seremos como a abelha
Que se choca contra a vidraça por horas,
Pensando assim alcançar as flores pejadas.

5.
"Se pudéssemos falar com ela", meu médico disse,
"E dizer-lhe: 'Não é assim! É tudo, tudo em vão;
Você cansa as asas e machuca a cabeça",
Ela poderia não responder, zumbindo na janela:
"Deixe as abelhas rainhas e místicas e religiosas
Falarem de coisas inconcebíveis como vidro;
O trabalhador leigo néscio voa para o que vê,
Olha lá — à frente, à frente — as flores, a grama!"
Nós a pegamos em um lenço (quem sabe
Que raiva ela sente, que terror, que desespero?)
E a sacudimos lá fora — e alegremente ela vai
Para onde flores vibrantes se destacam no ar veranil,
Para beber do coração delas. Mas, deixada à sua própria vontade,
Ela teria morrido no parapeito da janela.

ENCONTRANDO ASLAM

LEITURA DAS ESCRITURAS
2Coríntios 5:14-21
Salmos 40:1-5

O leão, a feiticeira e o guarda-roupa
("O que aconteceu com as estátuas")

No momento seguinte, o mundo inteiro pareceu ter virado de cabeça para baixo, e as crianças sentiram como se tivessem deixado suas entranhas para trás; pois o Leão as havia reunido a si para um salto maior do que qualquer outro que já havia dado, e saltou — ou você pode chamar de voar em vez de saltar — bem sobre a muralha do castelo. As duas garotas, sem fôlego, mas ilesas, caíram das costas dele no meio de um amplo pátio de pedra cheio de estátuas.

— Que lugar extraordinário! —, gritou Lúcia. — Todos aqueles animais de pedra... e pessoas também! É... é como um museu.

— Shhh — disse Susana. — Aslam está fazendo alguma coisa.

Ele estava mesmo. Ele saltou na direção do leão de pedra e soprou nele. Então, sem esperar um momento, girou rapidamente — quase como se fosse um gato correndo atrás do rabo — e soprou também no anão de pedra, que (como você se lembra) estava em pé a poucos metros do leão, de costas para ele. Então, ele se lançou sobre uma dríade de pedra alta que estava além do anão, virou-se rapidamente para o lado para lidar com um coelho de pedra à direita e correu para dois centauros. Mas naquele momento Lúcia disse:

— Oh, Susana! Olhe! Olhe para o leão.

Imagino que você tenha visto alguém aproximar um fósforo aceso a um pedaço de jornal que está apoiado em uma grade contra um fogo apagado. E, por um segundo, nada parece ter acontecido; então, você percebe uma minúscula chispa de fogo rastejando ao longo da borda do jornal. Era algo assim que acontecia agora. Por um segundo, depois que Aslam soprou sobre ele, o leão de pedra parecia o mesmo. Em seguida, uma pequena faixa de ouro começou a correr ao longo de seu mármore branco; então se espalhou; e a cor pareceu lambê-lo como a chama lambe um pedaço de papel; por fim, embora seus quartos traseiros fossem ainda obviamente de pedra, o leão sacudiu a juba, e todas as dobras pesadas e pedregosas se transformaram em pelos com vida. Então, ele abriu uma grande boca vermelha, quente e viva, e deu um bocejo prodigioso. E agora suas patas traseiras tinham ganhado vida. Ele ergueu uma delas e se coçou. Então, tendo avistado Aslam, saiu correndo atrás dele e revirou-se em volta, choramingando de alegria e pulando para lamber-lhe o rosto.

É claro que os olhos das crianças se voltaram para seguir o leão; mas a visão que tiveram foi tão maravilhosa que logo se esqueceram *dele*. Por todos os lados, as estátuas estavam ganhando vida. O pátio não parecia mais um museu; parecia mais um zoológico. Criaturas corriam atrás de Aslam e dançavam ao seu redor até que ele quase ficou escondido na multidão. Em vez de todo aquele branco de morte, o pátio era agora uma explosão de cores: dorsos castanhos brilhantes de centauros, chifres anilados de unicórnios, plumagem deslumbrante de pássaros, o marrom-avermelhado de raposas, cães e sátiros, meias amarelas e capuzes carmesim de anões; e as jovens bétulas em prata, e as jovens faias em verde transparente e cheio de frescor, e os lariços em verde tão brilhante que era quase amarelo. E em vez do silêncio de morte, todo o lugar ressoava com o som de rugidos, urros, ganidos, latidos, guinchos, arrulhos, relinchos, pisadas, gritos, vivas, canções e risos felizes.

— Ooh! —, disse Susana, em um tom diferente. — Olha isso! Eu me pergunto... quer dizer: é seguro?

Lúcia olhou e viu que Aslam acabara de soprar sobre os pés do gigante de pedra.

— Está tudo bem! —, gritou Aslam alegremente. — Uma vez que os pés sejam colocados no lugar, todo o resto dele os seguirá.

LANCELOT

LEITURA DAS ESCRITURAS
Hebreus 9:11-15
Salmos 23:1-6

Narrative poems

[Poemas narrativos]
"Lancelot"

"Lancelot" é um longo poema narrativo sobre a cavalaria e o espírito de peregrinação. Lewis provavelmente escreveu-o antes de sua conversão em algum momento no início dos anos 1930; no entanto, a fé ainda está no centro da história.

"Ouça: existem dois tipos de invisíveis,
Dois países, cada um deles removido para tão longe
Como as masmorras negras deste castelo são
Desta montanha verde e deste sol dourado.
E do primeiro, eu digo, nada sabemos;
Mas o outro está abaixo, onde, de um lado para outro,
Através de abóbadas que ecoam continuamente o vasto caos,
Trabalha na adega da alma, e coisas exiladas,
E gigantes tolos, uivando do passado ancestral,
Vagueiam, e presunçosas Esperanças e Medos muito selvagens
Para este universo de amadurecimento lento; quimeras,
fantasmas,
E súcubos e crueldades. Você é mais propenso,
Impulsionado por tal fúria de desejo, a atacar
Essas rochas do que fazer porto nas felizes costas.
Desejar é um trabalho perigoso."

   "Vá em frente", disse ela.
"O que mais?", o Bispo perguntou, e virou a cabeça,
Afastando-se lentamente; "O que mais há para contar?"
"Você descreveu bem a jornada da queda,
Mas, do reino da luz, você não tem uma palavra?"

"Nada além do que toda a humanidade já ouviu."

Ela se virou, andou de um lado para o outro,
Ela não esperou mais pela palavra do Bispo.

E ele olhou para baixo, e mais de uma vez ele passou
A mão no rosto, e então, por fim,
Falou gentilmente, como um homem muito aflito.
"Filha", disse ele, "vejo que devo confessar.
Deus sabe que sou um clérigo velho, gordo, lisonjeiro
— Vivi comodamente toda a minha vida — muito mais
habilidoso
Em finas distinções entre vinhos antigos
Do que naquelas coisas pelas quais o sangue de Deus foi
derramado.
Chega disso. E agora meu castigo
Encontrou-me, e meu tempo de graça acabou;
Por agora devo falar a verdade e descobrir, se necessário, que
Minha defesa mata a causa que defendo.
Pois se eu digo que ninguém sabe, nenhum homem tem
certeza
De qualquer coisa sobre aquela terra, os olhos deles,
Vendo-me assim dominado pelo mundo, tão impuro,
Como eles podem, se quisessem, julgar de outra forma
Que minha desobediência às leis
Do Espírito entorpeceu minha agudeza de mente e foi a causa
Dessa grande ignorância que professo? Como, então,
Acreditar em mim quando ensino que os homens mais santos
Não são menos ignorantes? (É o que eu acho, mas eu —
O que eu sei sobre santos ou santidade?)
Mas eu acho; e então forçosamente eu venho
Ao tribunal, embora envergonhado, não ousando estar calado.
Ouça, então, minha história.
Eu, que sou ignorante confesso,
Doutor em necedade, ou, na melhor das hipóteses,
Um trabalhador que passou sem distinções pela escola
Meiga Admiração, cujas donzelas governam,

Que mantém sob controle o azul e o verde do bravo mundo
A não ser por uma tela de lanterna mágica
Que enigmaticamente mostra
A sombra do que ninguém sabe;
Eu ainda acredito (se tal palavra
Destes lábios sujos não seja absurda)
Que, de um lugar além de tudo que é conhecido,
Uma única Palavra veio aos homens,
E era encarnada e tinha mãos
E pés e caminhou em paisagens terrestres
E morreu e ressuscitou. E nada mais
Virá ou já veio antes
Com certeza. E obedecer
É melhor do que a difícil experiência
De trespassar, em qualquer lugar além,
Esse véu mortal, que por acaso esconde
Algum abismo insuportável
De luz incorpórea e êxtase ardente.
Portanto, se você me perguntar sobre o caminho
Longínquo, o que posso fazer senão dizer
De novo (como o próprio Filho de Deus
Parece principalmente ter feito)
As lições de sua ama-seca e mãe?
Pois todo o meu conselho não é outro
Que não este, agora dado na necessidade mais amarga:
— Vá, aprenda seu catecismo e credo.
Observe o que eu digo, não como eu vivo,
E quanto a mim… que Deus me perdoe."

"Foi o que pensei", gritou ela. "Que pálida,
Entorpecida e inevitável história,
O leito de morte do desejo! Por que você cessa?

Pregue seu sermão, fale-me agora sobre a paz,
Sobre paixões acalmadas com triste renúncia,
Longanimidade e obediência e salvação!
O que é tudo isso para mim? Onde é minha casa,
Salvo onde os imortais, em sua exultação,
Guiados pela lua, em suas sagradas colinas vagam para
sempre?
O que é para mim a sua santidade, sepultada de branco,
Frio como um altar, pálido como a luz das velas do altar?
Não com esse propósito foi o arrancar de meu coração
Onde quer que a beleza me chamasse para lugares solitários,
Onde a Lembrança sombria me persegue com eterna dor,
Lembrança, a impiedosa, o poço de amor,
Evocando as distantes danças, os mui distantes rostos,
Sussurrando-me: 'O que isso — e isso — lembra a você?'
Como posso parar de bater ou esquecer de assistir..."

ENVELHECIMENTO: UM DESPERTAR PARCIAL

LEITURA DAS ESCRITURAS
Isaías 55:1-7
Salmos 37:23-26

Letters of C. S. Lewis

[Cartas de C. S. Lewis]
15 de outubro de 1949

As cartas de Lewis às vezes fornecem um vislumbre cru de seus sentimentos diários. Esta é uma das várias cartas para Warfield M. Firor, de Baltimore, Maryland, um cirurgião do Hospital Johns Hopkins.

H oje, o lado menos agradável do Outono se mostra pela primeira vez. Até agora tem sido paradisíaco, o tipo de clima que, por algum motivo, me entusiasma muito mais do que a primavera: manhãs frescas e tênues desenvolvendo-se na mais suave luz do sol, e cores primorosas no bosque. Isso sempre me dá *Wanderlust*[9] e "descontentamento divino" e tudo o mais. Hoje tivemos um céu baixo, sujo e com cor de fumaça se estendendo sobre nossa cabeça e uma chuva torrencial constante. Isso, no entanto, não tem nenhuma conexão causal (a crono-logia o prova) com o assunto que está em primeiro lugar em minha mente e tem estado por alguns dias: Velhice.

Você está um pouco mais à frente na estrada do que eu e provavelmente vai sorrir para um homem cujo quinquagésimo primeiro aniversário ainda vai demorar várias semanas para chegar, começando sua meditação *de senectute*.[10] Mas por quê? A compreensão deve *começar* algum dia. De uma forma, é claro (não, em duas), tudo começou muito antes. (1) Com a crescente compreensão de que havia muitas coisas que a pessoa pd. nunca ter tempo para fazer. Aqueles dias dourados, em que ainda se podia pensar ser possível, em algum tempo, assumir um estudo totalmente novo: digamos persa, ou geologia, estavam definitivamente encerrados. (2) Mais difícil de expressar. Eu me refiro ao fim daquele período em que cada meta, além de ser ela mesma, era um penhor ou uma promessa de muito mais por vir. Como uma linda garota em sua primeira dança: valorizada não principalmente pela dança em si, mas como o prelúdio de um mundo totalmente novo. Você se lembra da época em que todo prazer (digamos, o cheiro de um campo de feno ou uma caminhada no campo, ou um mergulho) era repleto de futuridade e trazia em seu rosto o aviso: "Muito mais de onde vim"? Bem, há uma mudança disso para o período em que todos eles começam a dizer: "Aproveite-me ao máximo: meus predecessores superam meus sucessores".

Esses dois sentimentos — o estremecimento do limite e a perda da promessa — eu tenho há muito tempo. O que veio ultimamente é muito mais forte: o vento ártico do futuro pegando alguém, por assim dizer, em uma esquina. A esquina particular foi a percepção nítida de que serei compulsoriamente "aposentado" em 1959, e a *chatice* (para não dizer coisa pior) infernal de remendar algum novo tipo de vida em algum lugar. Você não vai supor que estou colocando essas coisas como lamentações: que, para um homem mais velho que eu, pd. ser muito estranho. Eles são meramente os *dados*. (Adicione, é claro, entre eles, a provável perda de amigos, especialmente se, como eu, alguém tem o hábito imprudente de fazer mais amigos entre os mais velhos do que entre os mais novos.) E como de costume, o resultado de tudo isso (você pd. concordar?) é quase totalmente bom.

Você já pensou o que pd. ser se (todas as outras coisas permanecendo como estão) a velhice e a morte tivessem se tornado opcionais? *Todas as outras coisas permanecendo*: i. e., pd. ainda ser verdade que nosso destino real esteja em outro lugar, que não temos nenhuma cidade permanente aqui[11] e nenhuma felicidade verdadeira, *mas* o desligamento desta vida foi deixado para ser realizado por nossa própria vontade como um ato de obediência e fé. Suponho que a porcentagem de *moribundos* pd. ser quase o mesmo que a porcentagem de Trapistas[12] é agora.

Estou, portanto (com alguma ajuda do clima e do reumatismo!), tentando lucrar com essa nova percepção de minha mortalidade. Começar a morrer, a soltar alguns dos tentáculos que o mundo-polvo prendeu em alguém. Mas, é claro, é a continuação, não o começo, que é o ponto. Uma boa noite de sono, uma manhã ensolarada, um sucesso com meu próximo livro — qualquer uma dessas, eu sei, alterará tudo. Essa alteração, a propósito, sendo na realidade uma recaída do despertar parcial para o antigo estupor, pd., no entanto, ser considerada pela maioria das pessoas como um retorno à saúde depois de um estado de espírito "mórbido"!

Bem, certamente não é isso. Mas é um despertar *muito* parcial. Não se deve precisar dos momentos sombrios da vida para iniciar o desapego nem ser novamente enredado pelos que brilham. Deve-se poder desfrutar ao máximo os que brilham e, naquele momento, ter a perfeita prontidão para deixá-los, com a certeza de que aquilo que nos afasta é melhor. [...]

¹Referência à fábula "O cão na manjedoura". Nela, o fazendeiro enxota o cão que, deitado na manjedoura, não come o feno e impede que os bois o comam.
²Personagem de Lewis Carroll, do clássico *Alice no País das Maravilhas*.
³Cf. 1Pedro 3:19.
⁴João 11:32-35; Lucas 22:44.
⁵Lucas 17:33.
⁶Romanos 6:3.
⁷Apocalipse 13:8; 1Pedro 1:19-20.
⁸Apocalipse 20:14.
⁹Palavra alemã (*wandern*: caminhar; *Lust*: desejo) que significa "desejo de caminhar". Refere-se a um forte desejo de viajar, de ir para qualquer lugar, de caminhar para conhecer novos lugares.
¹⁰Latim: "a velhice". É também nome de um texto de Marco Túlio Cícero (106 a.C.—43 a.C.), orador, pensador político e filósofo romano.
¹¹Hebreus 13:14.
¹²Membros da Ordem dos Cistercienses Reformados de Estrita Observância, fundada em 1098, na França, pelo abade Roberto de Champagne. O nome popular se deve a seu primeiro mosteiro ter sido a abadia de Nôtre-Dame de la Trappe.

semana

SEIS

O PROPÓSITO DA DOR

LEITURA DAS ESCRITURAS
Apocalipse 21:1-8
Salmos 40:1-5

O problema da dor
("O sofrimento humano")

A doutrina que descrevo sobre a morte não é peculiar ao Cristianismo. A própria natureza a escreveu amplamente em todo o mundo no drama repetido da semente enterrada e do cereal ressurgindo. Com a natureza, talvez, as comunidades agrícolas mais antigas aprenderam-na e com os sacrifícios de animais, ou humanos, mostraram durante séculos a verdade de que "sem derramamento de sangue não há perdão";[1] e embora inicialmente tais concepções possam ter dito respeito apenas às colheitas e à descendência da tribo, elas vieram mais tarde, nos Mistérios,[2] a se referir à morte espiritual e à ressurreição do indivíduo. O asceta indiano, ao mortificar o corpo em uma cama de pregos, prega a mesma lição; o filósofo grego nos diz que a vida de sabedoria é "um exercício para a morte".[3] O sensível e nobre pagão dos tempos modernos faz seus deuses imaginários "morrerem na vida".[4] O sr. Huxley expõe o "não apego".[5] Não podemos escapar da doutrina deixando de ser cristãos. É um "evangelho eterno" revelado aos homens onde quer que os homens tenham procurado, ou suportado, a verdade: é o próprio nervo da redenção, que a sabedoria dissecadora em todos os tempos e em todos os lugares revela; o conhecimento inescapável que a Luz que ilumina todo homem[6] imprime na mente de todos os que questionam seriamente "sobre" o que é o universo. A peculiaridade da fé cristã não é ensinar essa doutrina, mas torná-la, de diversas maneiras, mais tolerável. O Cristianismo nos ensina que a terrível tarefa, em certo sentido, já foi cumprida por nós — que a mão de um mestre está segurando a nossa enquanto tentamos traçar as letras difíceis e que nosso roteiro precisa ser apenas uma "cópia", não um original. Uma vez mais, onde outros sistemas expõem nossa natureza total à morte (como na renúncia budista), o Cristianismo exige apenas que consertemos uma *orientação errada* de nossa natureza, e não tem nenhuma contenda, como Platão tinha, com o corpo como tal, nem com os elementos psíquicos em nossa constituição. E o sacrifício em sua realização suprema não é exigido de todos. Tanto os confessores quanto os mártires são guardados da morte, e alguns idosos, de cujo estado de graça dificilmente podemos duvidar, parecem ter superado seus setenta anos com uma facilidade surpreendente. O sacrifício de Cristo é repetido, ou ecoado, entre Seus seguidores em graus muito variados, desde o mais cruel martírio até uma autossubmissão de intenção cujos sinais externos nada têm que os distinga dos frutos comuns da temperança e "doce razoabilidade". As causas dessa distribuição eu não sei; mas, do nosso ponto de vista atual, deve ficar claro que o verdadeiro problema não é por que algumas pessoas humildes, piedosas e crentes sofrem, mas por que outras *não*. O próprio Nosso Senhor, deve-se lembrar, explicou a salvação daqueles que são afortunados neste mundo apenas referindo-se à onipotência insondável de Deus.[7]

Todos os argumentos de justificação do sofrimento provocam ressentimento amargo contra o autor. Você gostaria de saber como me comporto quando estou sentindo dor, e não quando escrevo livros sobre isso. Você não precisa adivinhar, pois vou lhe dizer: Eu sou um grande covarde. Mas o que tem isso a ver com o propósito de escrever? Quando penso na dor — na ansiedade que corrói como fogo e na solidão que se espalha como um deserto, e na rotina dolorosa de monótona miséria, ou novamente em dores enfadonhas que obscurecem toda a nossa paisagem ou dores repentinas e nauseantes que abatem o coração de um homem com um golpe, em dores que já parecem intoleráveis e que depois aumentam repentinamente, em dores pungentes que, como picadas de escorpião, fazem com que um homem que parecia meio morto com suas torturas anteriores se ponha assustado em um movimento maníaco — "o veneno me domina já quase todo o espírito".[8] Se eu conhecesse alguma forma de escapar, rastejaria pelos esgotos para encontrá-la. Mas de que adianta falar-lhe sobre meus sentimentos? Você já os conhece: eles são iguais aos seus. Não estou argumentando que a dor não é dolorosa. A dor dói. Isso é o que a palavra significa. Estou apenas tentando mostrar que a velha doutrina cristã de tornar "perfeito mediante o sofrimento"[9] não é inacreditável. Provar que ela é palatável está além de minha intenção.

Ao estimar a credibilidade da doutrina, dois princípios devem ser observados. Em primeiro lugar, devemos lembrar que o momento real da dor presente é apenas o centro do que pode ser chamado de todo o sistema tribulacional que se estende por meio do medo e da compaixão. Quaisquer que sejam os bons efeitos dessas experiências, eles dependem do centro; de modo que, mesmo que a dor em si não tivesse valor espiritual, ainda assim, se o medo e a compaixão tiveram, a dor teria de existir para que houvesse algo a ser temido e gerar compaixão. E que o medo e a compaixão nos ajudam em nossa volta à obediência e à caridade, não há dúvida. Todos já experimentaram o efeito da compaixão em tornar mais fácil para nós amar o que não é amável — isto é, amar os homens não porque eles sejam, de alguma forma, naturalmente agradáveis para nós, mas porque são nossos irmãos. Foi a beneficência do medo que a maioria de nós aprendeu durante o período de "crises" que levou à guerra atual.[10] Minha própria experiência é algo assim. Estou avançando ao longo do caminho da vida em minha condição ordinária, satisfatoriamente caída e ímpia, absorta em um encontro alegre com meus amigos amanhã ou em um pouco de trabalho que faz afagos em minha vaidade hoje, um feriado ou um novo livro, quando de repente uma pontada de dor abdominal que indica doenças graves, ou uma manchete nos jornais que ameaça a todos nós com a destruição, faz todo esse castelo de cartas desmoronar. No começo, fico confuso e todas as minhas pequenas felicidades parecem brinquedos quebrados. Então, lenta e relutantemente, pouco a pouco, tento entrar no estado de espírito em que eu deveria estar o tempo todo. Lembro a mim mesmo de que todos esses brinquedos nunca tiveram a intenção de possuir meu coração, que meu verdadeiro bem está em outro mundo e meu único tesouro real é Cristo. E talvez, pela graça de Deus, eu tenha sucesso nisso e, por um ou dois dias, me torne uma criatura conscientemente dependente de Deus, extraindo sua força das fontes certas. Mas, no momento em que a ameaça é retirada, toda a minha natureza salta de volta para os brinquedos: estou até ansioso, Deus me perdoe, de banir da minha mente a única coisa que me sustentou sob a ameaça, porque agora ela está associada à miséria daqueles poucos dias. Assim, a terrível necessidade de tribulação é muito clara. Deus me teve por apenas quarenta e oito horas e, na ocasião, apenas à força de tirar tudo o mais de mim. Deixe que Ele embainhe a espada por um momento, e eu me comportarei como um cachorrinho quando o odiado banho acabar — eu me sacudo o mais que posso e corro para readquirir minha confortável sujeira, se não no monte de estrume mais próximo, pelo menos no canteiro de flores mais próximo. E é por isso que as tribulações não podem cessar até que Deus nos veja refeitos ou veja que nossa reconstrução agora é inútil.

ENCONTRANDO O ESPÍRITO

LEITURA DAS ESCRITURAS
Efésios 4:7-13
Salmos 19:1-6

Surpreendido pela alegria
("Xeque-mate")

Surpreendido pela alegria *é a autobiografia de Lewis.*
A leitura de hoje e de amanhã é Lewis relembrando alguns
momentos iniciais de Deus estimulando-o ao cristianismo,
uma experiência de conversão que aconteceria em uma manhã
de 1933 com os amigos J. R. R. Tolkien e Hugo Dyson ao lado.

Então, li *O homem eterno*, de Chesterton, e pela primeira vez vi todo o esboço da história cristã apresentado de uma forma que me pareceu fazer sentido. De alguma forma, consegui não ficar muito abalado. Você deve se lembrar de que eu já considerava Chesterton o homem vivo mais sensato, "à parte de seu cristianismo". Agora, eu realmente acredito, pensei — é claro que não *disse*; palavras teriam revelado o absurdo — que o próprio Cristianismo era muito sensato "à parte de seu Cristianismo". Mas mal me lembro, pois não havia muito tempo que eu havia terminado *O homem eterno*, quando algo muito mais alarmante aconteceu comigo. No início de 1926, o mais duro de todos os ateus que conheci sentou-se em meu quarto do outro lado da lareira e observou que a evidência da historicidade dos Evangelhos era, de fato, surpreendentemente boa. "Coisa esquisita", continuou ele. "Todas aquelas coisas de Frazer sobre o Deus que Morre.[11] Coisa esquisita. Quase parece que isso realmente aconteceu uma vez." Para entender o impacto devastador disso, você precisaria conhecer o homem (que certamente nunca mais mostrou interesse pelo Cristianismo). Se ele, o cínico dos cínicos, o mais durão dos durões, não estava — como eu ainda diria — "seguro", para onde eu poderia me virar? Então, não houve escapatória?

O estranho é que antes de Deus se aproximar de mim, foi-me oferecido o que agora parece um momento de escolha totalmente livre. Em um sentido. Eu estava subindo Headington Hill na parte de cima de um ônibus. Sem palavras e (eu acho) quase sem imagens, um fato a meu respeito foi, de alguma forma, apresentado a mim. Percebi que eu estava mantendo algo sob controle ou deixando algo de fora. Ou, se preferir, que eu estava usando roupas rígidas, como espartilhos, ou mesmo uma armadura, como se eu fosse uma lagosta. Senti que me era dada, naquele momento, uma escolha livre. Eu poderia abrir a porta ou mantê-la fechada; eu poderia desafivelar a armadura ou mantê-la. Nenhuma escolha foi apresentada como um dever; nenhuma ameaça ou promessa foi anexada a qualquer uma, embora eu soubesse que abrir a porta ou tirar o corselete significava o incalculável. A escolha parecia ser momentosa, mas também era estranhamente sem emoção. Não fui movido por desejos ou medos. Em certo sentido, não fui movido por nada. Eu escolhi abrir, desafivelar, afrouxar a rédea. Eu digo: "Eu escolhi", mas realmente não parecia possível fazer o oposto. Por outro lado, eu não estava consciente de nenhum motivo. Você poderia argumentar que eu não era um agente livre, mas estou mais inclinado a pensar que isso chegou mais perto de ser um ato perfeitamente livre do que a maioria daquilo que eu já fiz. Necessidade pode não ser o oposto de liberdade, e talvez um homem seja mais livre quando, em vez de produzir motivos, ele puder apenas dizer: "Eu sou o que faço". Depois veio a repercussão no nível imaginativo. Eu me sentia como se fosse um boneco de neve que, finalmente, começava a derreter. O derretimento estava começando em minhas costas — gota a gota e depois escorrendo. Eu não gostei da sensação.

A raposa havia sido desalojada da Floresta Hegeliana e agora corria a céu aberto, "com todos os ais do mundo",[12] suja e cansada, cães apenas a um campo atrás. E quase todos agora (de uma forma ou de outra) na matilha: Platão, Dante, MacDonald, Herbert, Barfield, Tolkien, Dyson, a própria Joy.[13] Todos e tudo se juntaram do outro lado. Até meu próprio aluno Griffiths — agora Dom BedaGriffiths[14] — embora ainda não fosse cristão, fez sua parte. Certa vez, quando ele e Barfield almoçavam em meus aposentos, por acaso me referi à filosofia como "um assunto". "Não era um assunto para Platão", disse Barfield; "era um caminho". A concordância silenciosa, mas fervorosa, de Griffiths e o rápido olhar de compreensão entre os dois revelaram-me minha própria frivolidade. O suficiente havia sido pensado, e dito, e sentido e imaginado. Já era hora de algo ser feito.

É claro que há muito havia uma ética (teoricamente) ligada a meu idealismo. Eu pensava que nossa função, almas finitas e meio irreais, era multiplicar a consciência do Espírito por ver o mundo de diferentes posições, embora permanecendo qualitativamente igual ao Espírito; estarmos ligadas a um tempo e a um lugar específicos e a um conjunto de circunstâncias, para, no entanto, ali querer e pensar como o próprio Espírito faz. Isso era difícil; pelo próprio ato pelo qual o Espírito projetou almas e um mundo deu a essas almas interesses diferentes e competitivos, de modo que havia uma tentação para o egoísmo. Mas eu pensava que cada um de nós detinha o poder de descontar a perspectiva emocional produzida pela própria individualidade particular, assim como descontamos a perspectiva óptica produzida por nossa posição no espaço. Preferir minha própria felicidade à do vizinho era como pensar que o poste de telégrafo mais próximo era realmente o maior. A maneira de resgatar e agir de acordo com essa visão universal e objetiva era lembrar diariamente e a todo tempo nossa verdadeira natureza, reascender ou retornar àquele Espírito em que, na medida em que realmente éramos, ainda éramos. Sim: mas agora eu sentia que era melhor tentar fazer isso. Enfrentei finalmente (nas palavras de MacDonald) "algo a ser, nem mais, nem menos, nem diferente do que *feito*". Uma tentativa de virtude completa devia ser feita. Na verdade, um jovem ateu não pode guardar sua fé muito cuidadosamente. Os perigos o aguardam de todos os lados. Você não deve fazer, nem mesmo tentar fazer, a vontade do Pai, a menos que esteja preparado para "conhecer a doutrina".[15] Todos os meus atos, desejos e pensamentos deveriam ser colocados em harmonia com o Espírito universal. Pela primeira vez, examinei a mim mesmo com um propósito muito prático. E lá eu descobri o que me assustou: um zoológico de luxúrias, um manicômio de ambições, um viveiro de medos, um harém de ódios acariciados.

Meu nome era legião.[16]

É claro que eu não poderia fazer nada — eu não poderia durar nem uma hora — sem recorrer de modo contínuo e consciente ao que chamei de Espírito. Mas a distinção sutil e filosófica entre isso e o que as pessoas comuns chamam de "oração a Deus" se desfaz assim que você começa a fazê-lo com seriedade.

ENCONTRANDO O ESPÍRITO, PARTE II

LEITURA DAS ESCRITURAS
Isaías 55:8-13
Salmos 19:7-14

Surpreendido pela alegria
("Xeque-mate")

Oidealismo pode ser discutido e até sentido; porém não pode ser vivido. Tornou-se patentemente absurdo continuar pensando no "Espírito" como ignorante de, ou passivo a, meus confrontos. Mesmo se minha própria filosofia fosse verdadeira, como poderia a iniciativa estar do meu lado? Minha própria analogia, como percebi agora pela primeira vez, sugeria o oposto: se Shakespeare e Hamlet algum dia puderam se encontrar, isso devia ser obra de Shakespeare. Hamlet não podia iniciar nada. Talvez, mesmo agora, meu Espírito Absoluto ainda difira de alguma forma do Deus da religião. O verdadeiro problema não estava, ou ainda não estava, nisso. O verdadeiro terror era que, se você acreditasse seriamente em um "Deus" ou "Espírito" assim como eu admitia, uma situação totalmente nova surgia. À medida que os ossos secos estremeciam e se juntavam naquele vale terrível de Ezequiel,[17] então agora um teorema filosófico, acolhido no cérebro, começou a se mexer, a se erguer e a se soltar de suas mortalhas, e ficou em pé e tornou-se uma presença viva. Eu não deveria mais brincar com filosofia. Como eu disse, ainda pode ser verdade que meu "Espírito" difira de alguma forma do "Deus da religião popular". Meu Adversário renunciou a esse ponto. Isso afundou em absoluta falta de importância. Meu Adversário não discutiria sobre esse ponto. Ele apenas disse: "Eu sou o Senhor"; "Eu Sou o que Sou"; "Eu Sou".[18]

Pessoas naturalmente religiosas têm dificuldade em compreender o horror de tal revelação. Agnósticos amigáveis falarão alegremente sobre "a busca de Deus pelo homem". Para mim, como eu era na ocasião, eles poderiam muito bem ter falado sobre a busca do rato pelo gato. A melhor imagem de meu dilema é o encontro de Mime e Wotan no primeiro ato de Siegfried:[19] "*Hierbrauch' ichnichtSpürernochSpäher. Einsamwillich* [...]" (Não me são úteis espiões e bisbilhoteiros. Quero estar só [...]).

Lembre-se: eu sempre quis, acima de tudo, não receber "interferências". Eu queria (louco desejo) "chamar minha alma de minha". Eu estava muito mais ansioso para evitar o sofrimento do que para alcançar o prazer. Sempre almejei responsabilidades limitadas. O sobrenatural em si tinha sido para mim, primeiro, um trago ilícito, e depois, como pela reação de um bêbado, algo nauseante. Mesmo minha recente tentativa de viver minha filosofia tinha secretamente (eu agora sei) sido cercada por todo tipo de reservas. Eu sabia muito bem que meu ideal de virtude nunca teria permissão para me levar a algo insuportavelmente doloroso; eu seria "razoável". Mas agora o que tinha sido um ideal tornou-se uma ordem; e o que não se pode esperar de uma? Sem dúvida, por definição, Deus era a própria Razão. Mas Ele também seria "razoável" naquele outro sentido, mais confortável? Não me foi oferecida a menor garantia quanto a isso. A rendição total, o salto absoluto no escuro eram exigidos.

A realidade com a qual nenhum acordo pode ser feito estava sobre mim. A exigência não era nem mesmo "Tudo ou nada". Acho que essa fase foi ultrapassada, na parte de cima do ônibus, quando desatei minha armadura e o boneco de neve começou a derreter. Agora, a exigência era simplesmente "Tudo".

Você deve me imaginar sozinho naquele quarto em Magdalen,[20] noite após noite, sentindo, sempre que minha mente se afastava do meu trabalho, mesmo por um segundo, a aproximação firme e implacável daquele a quem eu tão sinceramente não desejava encontrar. Aquilo que eu muito temia finalmente veio sobre mim. No período letivo que se seguiu à Páscoa de 1929, cedi e admiti que Deus era Deus, ajoelhei-me e orei: talvez, naquela noite, o convertido mais abatido e relutante de toda a Inglaterra. Eu não vi, na ocasião, o que é agora a coisa mais brilhante e óbvia: a humildade divina que aceitará um convertido mesmo nessas condições. O filho pródigo pelo menos voltou para casa sozinho.[21] Mas quem pode adorar devidamente aquele Amor que abrirá os elevados portões para um pródigo que é trazido chutando, lutando, ressentido e olhando para todos os lados por uma possibilidade de fuga? As palavras *compelle intrare*, "obrigue-os a entrar",[22] foram tão abusadas por homens perversos que estremecemos com elas; mas, devidamente compreendidas, elas sondam a profundidade da misericórdia divina. A dureza de Deus é mais suave que a delicadeza dos homens, e Sua compulsão é nossa libertação.

DEUS, NOSSO MODELO A SER IMITADO

LEITURAS DAS ESCRITURAS

Judas 1:20-24

Salmos 25:8-11

Deus no banco dos réus

("O problema de fulano...")

Eu afirmei que, quando todos os nossos planos são arruinados pelo caráter das pessoas com as quais temos de lidar, estamos, "em *certo* sentido", vendo como esta situação deve ser para Deus. Mas apenas em certo sentido. Há dois aspectos em que o ponto de vista de Deus é muito diferente do nosso. Em primeiro lugar, ele vê (como você) que todas as pessoas em sua casa ou em seu trabalho são, em graus variados, inadequadas ou difíceis; mas, ao olhar para essa mesma casa, essa mesma fábrica ou esse mesmo escritório, ele vê mais uma pessoa com o mesmo problema — uma pessoa que você mesmo não vê. Refiro-me, é claro, a você mesmo. Este é o grande passo seguinte na sabedoria: perceber que você também é exatamente esse tipo de gente. Você também tem uma falha fatal em seu caráter. Todas as esperanças e planos dos demais foram frustrados repetidas vezes pelo seu caráter, assim como suas esperanças e planos foram arruinados pelo caráter deles.

Não é bom, de modo algum, minimizar essa realidade com uma confissão geral e vaga, do tipo: "É claro, eu sei que tenho falhas". É importante perceber que há uma falha realmente fatal em você, algo que provoca nos demais o mesmo sentimento de *desespero* gerado pelas falhas deles. E ela é quase certamente algo que você desconhece — assim como aquilo que os anúncios chamam de "halitose": todos notam, menos o próprio indivíduo. Mas por que, talvez você me pergunte, os outros não lhe contaram? Acredite em mim: eles tentaram contar muitas vezes, mas você não conseguiu "aceitar". Talvez uma boa medida daquilo que você chama de "implicância", "mau humor" ou "estranheza" da parte deles seja apenas tentativas de fazê-lo ver a verdade. Além disso, você não conhece a fundo nem mesmo as falhas de que já tem consciência. Você diz: "Admito que perdi a cabeça ontem à noite", mas os outros sabem que você sempre faz isso; que é, de modo geral, alguém mal-humorado. Você diz: "Admito que bebi muito sábado passado", mas todos os demais sabem que você é um bêbado habitual.

Esse é um aspecto em que o ponto de vista de Deus difere do meu. Ele vê o caráter de todos; eu vejo o de todos, exceto o meu. Porém, a segunda diferença é esta: ele ama as pessoas apesar de suas falhas. Ele não deixa de amá-las. Ele não as abandona. E não venha me dizer: "Para ele é fácil, pois não tem de conviver com elas". Ele tem, sim. Ele está tanto dentro quanto fora delas. Ele está *com* elas de modo muito mais íntimo, próximo e incessante do que jamais poderemos estar. Cada pensamento vil na mente das pessoas (e na nossa), cada momento de maldade, inveja, arrogância, ganância e presunção confrontam seu amor paciente e intenso e entristecem seu espírito mais do que o nosso.

Quanto mais pudermos imitar Deus em ambos esses aspectos, mais progresso faremos. Devemos amar mais o indivíduo que nos causa problema e aprender a olhar para nós mesmos como pessoas exatamente iguais. Alguns consideram mórbida a atitude de estar sempre pensando nas próprias falhas. Isso seria bem verdade se a maioria de nós conseguisse parar de pensar nas próprias falhas sem imediatamente começar a pensar nas falhas dos outros. Infelizmente, *gostamos* de pensar nas falhas dos outros; e, no sentido apropriado da palavra "mórbido", esse é o prazer mais mórbido do mundo.

UM CENÁRIO
DE CONVERSÃO

LEITURA DAS ESCRITURAS
2Pedro 2:4-22
Salmos 55:15-19

O problema da dor
("O Inferno")

Vamos tentar ser honestos com nós mesmos. Imagine um homem que alcançou riqueza ou poder por meio de uma trajetória contínua de traição e crueldade, por explorar, para fins puramente egoístas, as nobres emoções de suas vítimas, rindo da simplicidade delas; que, tendo assim alcançado o sucesso, usa-o para a satisfação da luxúria e do ódio e, finalmente, dá fim ao último trapo de honra entre ladrões, traindo os próprios cúmplices e zombando de seus últimos momentos de aturdida desilusão. Suponha, ainda, que ele faça tudo isso, não (como gostamos de imaginar) atormentado por remorso ou mesmo por receio, mas comendo como um colegial e dormindo como uma criança saudável — um homem alegre, de face corada, que não se importa com o mundo, inabalavelmente confiante até o fim de que só ele encontrou a resposta para o enigma da vida, que Deus e o homem são tolos, sobre os quais ele levou a melhor, que sua maneira de viver é totalmente bem-sucedida, satisfatória, inexpugnável. Devemos ter cuidado neste ponto. A menor indulgência com a paixão pela vingança é um pecado mortal. A caridade cristã nos aconselha a fazer todos os esforços pela conversão de tal homem: preferir sua conversão, com perigo de nossa própria vida, talvez de nossa própria alma, a seu castigo; preferir isso infinitamente. Mas essa não é a questão. Supondo que ele *não* se converta, que destino no mundo eterno você pode considerar apropriado para ele? Você pode realmente desejar que tal homem, *permanecendo o que é* (e ele deve ser capaz de fazer isso se tiver livre-arbítrio), seja confirmado para sempre em sua presente felicidade — que continue, por toda a eternidade, a estar perfeitamente convencido de que o rir está do lado dele? E se você não pode considerar isso tolerável, é apenas sua perversidade — apenas rancor — que o impede de fazer isso? Ou você acha que o conflito entre Justiça e Misericórdia, que às vezes lhe pareceu uma peça tão fora de moda de teologia, agora realmente está agindo em sua mente e fazendo sentir-se como se tivesse vindo de cima, não de baixo? Você é movido, não por um desejo pela dor da criatura miserável como tal, mas por uma exigência verdadeiramente ética de que, cedo ou tarde, o direito seja afirmado, a bandeira plantada nessa alma horrivelmente rebelde, mesmo que nenhuma conquista mais plena e melhor venha a seguir. Em certo sentido, é melhor para a própria criatura, mesmo que nunca se torne boa, que ela se reconheça como um fracasso, um erro. É difícil que mesmo a misericórdia possa desejar para tal homem sua eterna e contente continuação nessa medonha ilusão. Tomás de Aquino disse do sofrimento, como Aristóteles disse da vergonha, que não era uma coisa boa em si mesma; mas algo que pode ter certa bondade em circunstâncias particulares. Ou seja, se o mal está presente, a dor no reconhecimento do mal, sendo uma espécie de conhecimento, é relativamente boa; pois a alternativa é que a alma deva ser ignorante do mal, ou ser ignorante de que o mal é contrário à sua natureza — "e em um e outro caso", diz o filósofo, "há mal *manifesto*".[23] E penso que nós, embora tremamos, concordamos com isso.

A exigência de que Deus perdoe tal homem, embora ele permaneça o que é, baseia-se na confusão entre tolerar e perdoar. Tolerar um mal é simplesmente ignorá-lo, tratá-lo como se fosse bom. Mas o perdão precisa ser aceito tanto quanto oferecido se quiser ser completo — e um homem que não admite culpa não pode aceitar perdão.

Comecei com a concepção do Inferno como um castigo retributivo positivo infligido por Deus porque essa é a forma em que a doutrina é mais repulsiva, e gostaria de enfrentar a objeção mais forte. Mas, é claro, embora Nosso Senhor frequentemente fale do Inferno como uma sentença infligida por um tribunal, Ele também diz em outro lugar que o julgamento consiste no próprio fato de que os homens preferem as trevas à luz, e que não Ele, mas Sua "palavra", julga os homens.[24] Portanto, temos a liberdade — já que as duas concepções, a longo prazo, significam a mesma coisa — de pensar na perdição desse homem mau não como uma sentença imposta a ele, mas como o mero fato de ser o que ele é. A característica das almas perdidas é "sua rejeição de tudo que não seja simplesmente elas mesmas"[25] Nosso egoísta imaginário tentou transformar tudo que encontra em uma província ou apêndice do ego. O gosto pelo *outro*, isto é, a própria capacidade de desfrutar o bem, está extinto nele, exceto na medida em que seu corpo ainda o atrai a algum contato rudimentar com um mundo exterior. A morte remove esse último contato. Ele tem seu desejo satisfeito — existir totalmente em si mesmo e tirar o melhor proveito do que encontrar lá. E o que ele encontra lá é o Inferno.

APAIXONADO, ELE REIVINDICA TUDO

LEITURA DAS ESCRITURAS
Lucas 9:21-26
Salmos 86:1-7

O peso da glória
("Ato falho")

Esta é minha interminável e recorrente tentação; descer até aquele mar (acredito que foi João da Cruz que chamou Deus de mar) e ali não mergulhar, nadar, nem boiar, mas somente pisar e respingar a água, com cuidado para não sair da parte mais rasa, segurando-me na corda salva-vidas, que me conecta às minhas coisas temporais.

Isso é diferente das tentações que encontramos no início da vida cristã. Naquele tempo, lutávamos (ao menos eu lutava) contra admitir as reivindicações de tudo que é eterno e, depois que lutávamos, que apanhávamos e nos rendíamos, supúnhamos que tudo seria um mar tranquilo para navegar. Essa tentação vem mais tarde, endereçada àqueles que já admitiram a reivindicação pelo menos em princípio e estão até fazendo um esforço para cumpri-la. Nossa tentação é a de olhar intensamente para o mínimo que seria aceito. De fato, somos muito parecidos com os pagadores de impostos honestos, mas relutantes. Aprovamos nosso pagamento de imposto em princípio e o fazemos corretamente, mas receamos um aumento nos impostos. Somos muito cuidadosos para não pagar mais do que é necessário e esperamos — muito ardentemente — que depois de pagar o imposto, haverá o suficiente para continuar vivendo a vida.

Observe que essas cautelas que o tentador cochicha em nossos ouvidos são todas plausíveis. De fato, não creio que ele tente frequentemente nos enganar (depois do início da juventude) com uma mentira direta. A plausibilidade é esta. É realmente possível ser levado pela emoção religiosa — *entusiasmo,* como nossos antepassados diziam — em resoluções e atitudes, que não são pecaminosas, mas racionais, não quando somos mais mundanos, mas quando somos mais sábios, de forma que venhamos nos arrepender mais tarde. Podemos nos tornar conscienciosos ou fanáticos; podemos, naquilo que parece ser zelo, mas é realmente presunção, assumir tarefas que nunca foram a nós destinadas. Essa é a verdade na tentação. A mentira consiste em supor que a nossa melhor proteção seria um cuidado prudente com o nosso bolso, nossas extravagâncias habituais e nossas ambições, mas isso é totalmente falso. Nossa real proteção deve ser buscada em outro lugar; na vida cristã comum, na teologia moral, no pensamento racional estável, no conselho de bons amigos e de bons livros e, se necessário, num líder espiritual capacitado. Aulas de natação são melhores do que uma corda salva-vidas até a praia.

Fica claro que essa corda salva-vidas é na realidade uma corda mortal. Não existe paralelo para pagar os impostos e viver do restante, pois não um tanto de nosso tempo e de nossa atenção que Deus exige; não é nem todo nosso tempo, nem toda nossa atenção, mas a nós mesmos. Para cada um de nós, as palavras de João Batista são verdadeiras: "É necessário que ele cresça e que eu diminua". Ele será infinitamente misericordioso com nossos fracassos repetidos; eu não sei de nenhuma promessa de que ele aceitará uma acomodação delibe-rada. Em última análise, ele não tem nada a nos dar a não ser a si mesmo, o que ele só poderá fazer quando a nossa vontade autoafirmativa se retirar e deixar lugar para ele em nossas almas. Preparemos nossas mentes para isso; não haverá nada "de nós mesmos" que restará para viver, nem uma vida "normal". Não quero dizer que cada um de nós será necessariamente chamado para ser um mártir ou mesmo um ascético. Disso nada saberia dizer. Para alguns (ninguém sabe quem) a vida cristã incluirá muito tempo livre, muitas ocupações que natu-ralmente apreciamos, mas isso será recebido das mãos de Deus. Tendo um cristão perfeito em perspectiva, essas coisas farão parte de sua "religião", de seu "serviço" e de suas responsabilidades mais difíceis; suas festas serão tão cristãs quanto seus jejuns. O que não pode ser admi-tido — que deve existir somente como um inimigo não derrotado, mas resistido diariamente — é a ideia de existir alguma coisa que seja "nossa", alguma área em que nós devamos "abandonar a escola", em que Deus não tem o que reivindicar.

Ele reivindica tudo, porque ele é amor e deve aben-çoar. Ele não poderá nos abençoar a não ser que ele nos tenha. Quando tentamos demarcar dentro de nós uma área que é nossa, acabamos por manter uma área de morte. Portanto, em amor, ele exige tudo. Não existe negociação com ele.

ENTRE O CERTO E O ERRADO

LEITURA DAS ESCRITURAS
Romanos 3:19-26
Salmos 106:6-15

Cristianismo puro e simples
("A Lei da Natureza Humana")

Imagine um país em que as pessoas fossem admiradas por fugir da batalha ou em que uma pessoa se orgulhasse de ter enganado todas aquelas que foram legais com ela. Seria o mesmo que tentar imaginar um país em que dois mais dois fosse igual a cinco. Há discordância sobre as pessoas com quem você deve ser altruísta — se é apenas com a sua própria família, ou com os seus conterrâneos, ou com todo mundo. Mas é de comum acordo que você nunca deve se colocar acima dos outros, uma vez que o egoísmo jamais foi algo que causasse admiração. As pessoas divergem quanto a se alguém deve ter uma única esposa ou quatro, mas sempre concordaram que alguém não pode simplesmente ter qualquer mulher que desejasse.

Mas, o fato mais impressionante é o seguinte: mesmo que você consiga encontrar uma pessoa que afirme com toda a certeza que não crê que haja realmente o certo e o errado, essa mesma pessoa vai apelar para isso logo em seguida. Ela poderá até quebrar a promessa que fez a você, mas, se você tentar quebrar a sua com ela, num piscar de olhos ela ficará reclamando que "não é justo". Uma nação pode até dizer que não liga para os tratados; mas então, no momento seguinte, ela passa a expor o seu caso, dizendo que aquele tratado particular que os outros querem quebrar era injusto. Entretanto, se os tratados não interessam, se não há tal coisa como o certo e o errado — em outras palavras, se não há Lei Natural —, a lei da natureza humana, qual seria a diferença entre um tratado justo e um injusto? Não foram elas mesmas que se traíram, mostrando que, por mais que falem contra a regra, conhecem a Lei Natural como qualquer outra pessoa?

Parece, então, que seremos forçados a aceitar que existe o certo e o errado. As pessoas podem muitas vezes enganar-se sobre eles, da mesma forma que as pessoas às vezes erram os cálculos; mas isso não é uma mera questão de gosto ou opinião, mas de tabuada. Agora, se estamos de acordo com relação a isso, vou passar para meu próximo ponto, que é o seguinte: nenhum de nós observa a Lei Natural de fato. Se houver qualquer exceção entre vocês, peço desculpas. Melhor seria ler outro livro, pois nada do que vou falar diz respeito a vocês. E agora, voltemos aos seres humanos comuns.

Espero que não entendam mal o que vou dizer, pois não quero dar nenhum sermão, e Deus sabe que não pretendo ser melhor do que ninguém. Estou tentando apenas chamar a atenção para o fato de que este ano, ou este mês, ou mais provavelmente hoje mesmo, falhamos em adotar o tipo de comportamento que esperamos dos outros. Podemos usar qualquer desculpa. Aquela vez em que você foi injusto com seus filhos foi quando você estava muito cansado. Aquele negócio meio obscuro — aquele de que você quase se esqueceu — surgiu quando você estava muito apertado financeiramente. E o que você prometeu fazer para o bom e velho fulano e nunca fez — bem, você jamais teria prometido fazê-lo se soubesse como estaria ocupado daquele dia em diante. E quanto ao seu comportamento com relação à sua esposa (ou marido) ou irmã (ou irmão), se eu soubesse o quão irritantes poderiam ser, não me admiraria — e, afinal, quem eu penso que sou? Eu não sou diferente em nada, isto é, não tenho muito sucesso em observar a Lei Natural e, quando alguém me diz que eu não a estou observando, logo me vem à mente uma lista interminável de boas desculpas. A questão neste momento não é se essas desculpas são boas. O fato é que elas são mais uma prova da profundidade da nossa crença na Lei Natural, quer ela nos agrade, quer não. Se não acreditássemos no comportamento digno, por que ficaríamos tão preocupados em dar desculpas por não termos nos comportado de maneira digna? A verdade é que acreditamos tanto — sentimos a Regra da Lei nos pressionando de tal forma —, que não conseguimos encarar o fato de que estamos quebrando-a e, consequentemente, tentando fugir da responsabilidade. Você acaba percebendo que é somente para o nosso mau comportamento que damos todas essas explicações e é só o nosso mau humor que procuramos justificar pelo cansaço, pela ansiedade ou pela fome; já o nosso bom humor atribuímos a nós mesmos.

Estes são, então, os dois pontos que eu gostaria de destacar: primeiro, que os seres humanos, de todos os cantos do mundo, têm essa ideia curiosa de que devem se comportar de determinada forma e não conseguem realmente não fazê-lo; em segundo lugar, os indivíduos, na verdade, não se comportam dessa forma. Eles conhecem a Lei Moral, mas a transgridem. Esses dois fatos são a base de todo o pensamento claro sobre nós e o universo onde vivemos.

[1]Hebreus 9:22.
[2]Referência às cerimônias religiosas secretas praticadas pelos antigos romanos e gregos visando obter purificação e libertação nessa vida e, após a morte, uma vida feliz.
[3]Platão, *Fédon*, "O destino das almas".
[4]Citação do verso 130, do livro III do poema "Hyperion", de John Keats (1795—1821), poeta romântico inglês.
[5]Aldous Huxley (1895—1963), romancista inglês. Esse conceito é apresentado no cap. I de seu livro *Ends and Means: na Enquiry into the Nature of Idealsand into the Methods employed for their Realisation* [Fins e meios: uma investigação sobre a natureza dos ideais e dos métodos empregados para sua realização], de 1937.
[6]João 1:9.
[7]Referência a Lucas 18:25-27.
[8]Shakespeare, *Hamlet*, Ato V, Cena II. Tradução de Carlos Alberto Nunes.
[9]Hebreus 2:10.
[10]Referência à Segunda Guerra Mundial.
[11]Referência a*The Golden Bough: A Study in Comparative Religion* [O ramo de ouro: um estudo de religião comparada], de Sir James George Frazer (1854—1941), antropólogo e folclorista escocês. Nos dois volumes centrais da obra, *The Dying God* [O deus que morre] e *Adonis, Attis, Osiris*, Frazer diz que a figura do deus que morre se deriva dos reis sagrados que eram assassinados quando sua fertilidade minguava.
[12]Citação de um poema anônimo do século 14. Em inglês arcaico no original.
[13]George MacDonald (1824—1905), escritor, poeta e ministro cristão escocês, exerceu grande influência sobre Lewis. George Herbert (1593—1633), poeta e orador galês, também piedoso ministro da Igreja da Inglaterra. Owen Barfield, J. R. R. Tolkien, Hugo Dyson eram colegas de Lewis no grupo The Inklings. Joy era sua esposa.
[14]Allan Griffiths (1906—1993), monge beneditino, a quem Lewis dedicou *Surpreendido pela alegria*.
[15]Referência a João 7:16,17.
[16]Referência a Lucas 8:30.
[17]Referência a Ezequiel 37:1-14.
[18]Êxodo 3:14.
[19]Ópera de Wilhelm Richard Wagner (1813—1883), maestro e compositor alemão. É a terceira das quatro que compõem a tetralogia *O anel do nibelungo*.
[20]Uma das faculdades da Universidade de Oxford, fundada em 1458, onde Lewis foi professor de Literatura Medieval e Renascentista.
[21]Referência a Lucas 15:11-32, principalmente os vv. 17-20a.
[22]Lucas 14:23.
[23]O filósofo é Tomás de Aquino, em *Suma teológica*, "Pars Prima Secundae", Questão 39, Art. 1. Tradução de Alexandre Correia.
[24]Referência a João 3:19,20; 12:48.
[25]Lewis apresenta uma paráfrase do pensamento de Friedrich von Hügel (1852—1925), filósofo e escritor católico romano nascido na Itália, em sua

obra *Essays and Addresses on the Philosophy of Religion* [Ensaios e palestras sobre a filosofia da religião], "What do we mean by Heaven? And what do we mean by Hell?" [O que queremos dizer com Céu? E o que queremos dizer com Inferno?], vol. 1.

semana

SETE

EXPLORANDO O PARADOXO DO SOFRIMENTO

LEITURA DAS ESCRITURAS
Lucas 19:26-46
Salmos 24:1-10

O problema da dor

("O sofrimento humano (continuação)")

Existe um paradoxo a respeito de tribulação no Cristianismo. Bem-aventurados são os pobres, mas por meio de "julgamento" (isto é, justiça social) e esmolas devemos eliminar a pobreza sempre que possível. Bem-aventurados somos quando perseguidos, mas podemos evitar a perseguição fugindo de cidade em cidade e orando para sermos poupados, como Nosso Senhor orou no Getsêmani. Mas, se o sofrimento é bom, não deveria ser perseguido em vez de evitado? Eu respondo que o sofrimento não é bom em si mesmo. O que é bom em qualquer experiência dolorosa é, para o que sofre, sua submissão à vontade de Deus e, para os espectadores, a compaixão despertada e os atos de misericórdia a que ela conduz. No universo caído e parcialmente redimido, podemos distinguir (1) o bem simples que desce de Deus, (2) o mal simples produzido por criaturas rebeldes e (3) a exploração desse mal por Deus para Seu propósito redentor, que produz (4) o bem complexo para o qual contribuem o sofrimento aceito e o pecado de que o homem se arrepende. Ora, o fato de que Deus pode fazer um bem complexo a partir do mal simples não escusa — embora, por misericórdia, possa salvar — aqueles que praticam o mal simples. E essa distinção é central. As ofensas devem vir, mas ai daqueles por quem vêm; os pecados *fazem* a graça abundar, mas não devemos fazer disso uma desculpa para continuar a pecar. A própria crucificação é o melhor, bem como o pior, de todos os eventos históricos, mas o papel de Judas continua simplesmente maligno. Podemos aplicar isso primeiramente ao problema do sofrimento de outras pessoas. Um homem misericordioso objetiva o bem de seu próximo, e assim faz a "vontade de Deus", cooperando conscientemente com "o bem simples". Um homem cruel oprime seu próximo, e assim faz o mal simples. Mas, ao fazer esse mal, ele é usado por Deus, sem seu próprio conhecimento ou consentimento, para produzir o bem complexo — de modo que o primeiro homem serve a Deus como um filho, e o segundo, como uma ferramenta. Pois você certamente cumprirá o propósito de Deus, não importa como aja, mas faz diferença para você se serve como Judas ou como João. O sistema inteiro é, por assim dizer, calculado para o confronto entre homens bons e homens maus, e os bons frutos de fortaleza de espírito, paciência, compaixão e perdão, pelos quais o homem cruel pode ser cruel, pressupõem que o homem bom comumente continua a buscar o bem simples. Digo "comumente" porque um homem tem, algumas vezes, o direito de ferir (ou mesmo, em minha opinião, de matar) seu companheiro, mas apenas quando a necessidade é urgente, e o bem a ser alcançado, óbvio, e geralmente (embora nem sempre) quando aquele que inflige a dor tem uma autoridade definida para fazê-lo — a autoridade dos pais, que é derivada da natureza; autoridade do magistrado ou do soldado, que é derivada da sociedade civil, ou a do cirurgião, derivada, na maioria das vezes, do paciente. Transformar isso em uma carta de navegação geral para a humanidade aflita "porque a aflição é boa para eles" (como o lunático Tamburlaine, de Marlowe, gabava-se de ser o "flagelo de Deus") não é, de fato, quebrar o esquema divino, mas se voluntariar para o posto de Satanás dentro daquele esquema. Se você faz o trabalho dele, deve estar preparado para receber o salário dele.

O problema de evitar nossa própria dor admite uma solução semelhante. Alguns ascetas têm usado autotortura. Como leigo, não ofereço opinião sobre a prudência de tal prática; mas eu insisto que, quaisquer que sejam seus méritos, a autotortura é uma coisa bem diferente da tribulação enviada por Deus. Todos sabem que jejuar é uma experiência diferente de perder o jantar por acidente ou por pobreza. O jejum afirma a vontade contra o apetite — a recompensa é o autodomínio, e o orgulho é o perigo: a fome involuntária sujeita o apetite e a vontade à vontade Divina, proporcionando uma ocasião para submissão e nos expondo ao perigo da rebelião. Mas o efeito redentor do sofrimento reside principalmente em sua tendência de reduzir a vontade rebelde. As práticas ascéticas, que por si só fortalecem a vontade, só são úteis na medida em que permitem à vontade pôr em ordem a própria casa (as paixões), como preparação para a oferta do homem inteiro a Deus. Elas são necessárias como um meio; como fim, seriam abomináveis, pois, ao substituir o apetite pela vontade e aí parando, elas apenas trocariam o eu animal pelo eu diabólico. Foi, portanto, verdadeiramente dito que "só Deus pode mortificar". A tribulação faz seu trabalho em um mundo em que os seres humanos estão normalmente procurando, por meios legais, evitar o próprio mal natural e alcançar seu bem natural, e ela pressupõe um mundo assim. A fim de submeter-nos à vontade a Deus, devemos ter uma vontade, e essa vontade deve ter objetivos. A renúncia cristã não significa "Apatia" estoica, mas uma prontidão para preferir Deus a fins inferiores que são em si legítimos. Portanto, o Homem Perfeito trouxe ao Getsêmani uma vontade, e uma vontade forte, para escapar do sofrimento e da morte, se tal fuga fosse compatível com a vontade do Pai, combinada com uma perfeita prontidão para a obediência se não fosse. Alguns dos santos recomendam uma "renúncia total" bem no princípio de nosso discipulado; mas acho que isso pode significar apenas uma total prontidão para cada renúncia particular que possa ser exigida, pois não seria possível viver de momento a momento desejando nada além da submissão a Deus como tal. Qual seria a *matéria* para a submissão? Pareceria contraditório dizer: "O que eu quero é sujeitar o que eu quero à vontade de Deus", pois o segundo *o que* não tem conteúdo. Sem dúvida, todos nós fazemos muito esforço em evitar nossa própria dor; mas uma intenção devidamente subordinada de evitá-la, usando meios legais, está de acordo com a "natureza" — isto é, com todo o sistema operante da vida das criaturas para o qual a operação redentora da tribulação é calculada.

Seria muito falso, portanto, supor que o ponto de vista cristão do sofrimento é incompatível com a mais forte ênfase em nosso dever de deixar o mundo, mesmo em um sentido temporal, "melhor" do que o encontramos. Na descrição em parábola mais completa que deu do Juízo, Nosso Senhor parece reduzir toda virtude à beneficência ativa; e, embora seja enganoso tomar esse quadro isolado do evangelho como um todo, ele é suficiente para colocar além de qualquer dúvida os princípios básicos da ética social do Cristianismo.

O APETITE
POR DEUS

LEITURA DAS ESCRITURAS
Lucas 19:45-48
Salmos 25:8-22

Lendo os Salmos
("A bondade do Senhor")

Quando os Salmistas falam em "ver" o Senhor, ou anseiam por "vê-lo", a maioria deles se refere a algo que lhes acontecia no Templo. A maneira desastrosa de colocar isso seria dizer: "Eles apenas querem dizer que viram o festival". Seria melhor dizer: "Se nós estivéssemos lá, teríamos visto apenas o festival". Assim, no salmo 68, dizer "Já se vê a tua marcha triunfal, ó Deus [...] adentrando o santuário. À frente estão os cantores, depois os músicos; com eles vão as jovens tocando tamborins" (vv. 24,25) é quase como se o poeta dissesse "Vejam, aí vem Ele". Se eu estivesse lá, teria visto os músicos e as jovens com tamborins; além disso, como outra coisa, eu poderia, ou não, ter (como dizemos) "sentido" a presença de Deus. O adorador de antigamente não teria conhecimento desse dualismo. Da mesma forma, se um homem moderno desejasse "viver na casa do Senhor todos os dias da [...] vida, para contemplar a bondade do Senhor" (27:4), ele pretenderia dizer, suponho, que esperava receber — obviamente não sem a mediação dos sacramentos e a ajuda de outros "serviços", mas como algo que se distingue deles e não deve ser presumido como seu resultado inevitável — momentos frequentes de visão espiritual e do amor "sensível" de Deus. Mas eu suspeito que o poeta daquele salmo não fez distinção entre "contemplar a bondade do SENHOR" e os próprios atos de adoração.

Quando a mente se torna mais capaz de abstrair e analisar, essa velha unidade se desfaz. E, assim que é possível distinguir entre o rito e a visão de Deus, existe o perigo de o rito se tornar um substituto e um rival para o próprio Deus. Uma vez que possa ser pensado separadamente, ele o fará; e pode então assumir uma vida rebelde e cancerosa própria. Há uma fase na vida da criança em que ela não consegue separar o caráter religioso do meramente festivo do Natal ou da Páscoa. Ouvi falar de um menino muito pequeno e muito devoto que murmurou para si mesmo na manhã de Páscoa um poema de sua própria composição que começava com "Ovos de chocolate e Jesus ressuscitado". Isso me parece, para a idade do menino, uma poesia admirável e uma piedade admirável. Mas é claro que logo chegará o tempo em que esse garoto não poderá mais desfrutar dessa unidade sem esforço e espontaneamente. Ele será capaz de distinguir o aspecto espiritual do ritual e festivo da Páscoa; os ovos de chocolate não serão mais sacramentais. E, uma vez que faça a distinção, ele deve colocar um ou outro em primeiro lugar. Se colocar o espiritual em primeiro lugar, ainda poderá sentir o gosto da Páscoa nos ovos de chocolate; se ele colocar os ovos em primeiro lugar, logo não serão mais do que qualquer outra guloseima. Eles assumiram uma vida independente e, portanto, uma vida que logo murchará. Em algum período do Judaísmo, ou então na experiência de alguns judeus, ocorreu uma situação muito semelhante. A unidade se desfaz; os ritos de sacrifício tornam-se distinguíveis do encontro com Deus. Isso não significa, infelizmente, que eles cessarão ou se tornarão menos importantes. Os ritos podem, em vários modos malignos, se tornar ainda mais importantes do que antes. Eles podem ser avaliados como uma espécie de transação comercial com um Deus ganancioso que, seja como for, realmente deseja ou precisa de grandes quantidades de carcaças e cujos favores não podem ser garantidos em quaisquer outros termos. Pior ainda: os ritos podem ser considerados como a única coisa que Deus deseja, de modo que o desempenho pontual deles o satisfaça sem obediência às suas exigências de misericórdia, "justiça" e verdade. Para os próprios sacerdotes, todo o sistema parecerá importante simplesmente porque é tanto a arte quanto o meio de vida deles; todo o seu pedantismo, todo o seu orgulho, toda a sua posição econômica estão ligados ao rito. Os sacerdotes vão cada vez mais elaborando sua arte. E, sem dúvida, o corretivo para esses pontos de vista sobre o sacrifício pode ser encontrado dentro do próprio Judaísmo. Os profetas continuamente erguem a voz contra eles. Até o Saltério, embora seja, em grande parte, uma coleção do Templo, pode fazê-lo; como em Salmos 50, em que Deus diz a seu povo que toda adoração no Templo, considerada em si mesma, não é o ponto mais importante de forma alguma, e de modo particular ridiculariza a noção genuinamente pagã de que Ele precisa de verdade ser alimentado com carne assada. "Se Eu tivesse fome, precisaria dizer a *você*?" (v. 12a). Por vezes, imaginei que Ele poderia perguntar algo semelhante a certo tipo de clérigo moderno: "Se eu quisesse música — se eu estivesse conduzindo pesquisas sobre os detalhes mais recônditos da história do rito ocidental —, você realmente acha que é a fonte na qual eu confiaria?"

Essa possível degradação do sacrifício e as repreensões a ela são, no entanto, tão conhecidas que não há necessidade de as salientar aqui. Quero enfatizar o que penso que nós (ou, pelo menos, eu) mais precisamos: a alegria e o deleite em Deus que encontramos nos Salmos, por mais distantes ou próximos que sejam, neste ou naquele caso, eles estavam ligados ao Templo. Esse era o centro vivo do Judaísmo. Esses poetas conheciam muito menos razões do que nós para amar a Deus. Eles não sabiam que Ele lhes oferecia alegria eterna; sabiam ainda menos que Ele morreria a fim de obtê-la para eles. No entanto, eles expressam um anseio por Deus, por sua mera presença, que vem apenas para os melhores Cristãos ou para os Cristãos em seus melhores momentos. Eles desejam viver todos os seus dias no Templo para que possam ver constantemente "a bondade do SENHOR" (27:4). Seu desejo de subir a Jerusalém e apresentar-se a Deus é como uma sede física (42:1,2). De Jerusalém, sua presença resplandece, "perfeita em beleza" (50:2). Na falta desse encontro com Deus, a alma dos salmistas está ressequida como uma terra sem água (63:1). Eles anseiam estar felizes com os prazeres da casa de Deus (65:4). Só aí podem estar em casa, como um pássaro no ninho (84:3). Um dia desses "prazeres" é melhor do que uma vida toda passada em outro lugar (v. 10).

Prefiro — embora a expressão possa parecer chocante para alguns — chamar isso de "apetite por Deus" a chamar de "o amor de Deus". O "amor de Deus" sugere muito facilmente a palavra "espiritual" em todos os sentidos negativos ou restritivos que infelizmente ela adquiriu. Esses antigos poetas não parecem pensar que eles são merecedores ou piedosos por terem tais sentimentos; nem, por outro lado, que eles tenham o privilégio de receber a graça de possuí-los. São ao mesmo tempo menos presunçosos do que os piores de nós e menos humildes — quase se poderia dizer, menos surpresos — do que os melhores de nós. Tem toda a espontaneidade alegre de um desejo natural, até mesmo físico. É alegre e prazeroso. Eles se alegram e exultam (9:2). Seus dedos coçam pela harpa (43:4), pela harpa e pela lira – "Acordem, harpa e lira!" (57:8); "Cantem de alegria a Deus [...] Comecem o louvor, façam ressoar o tamborim, toquem a lira e a harpa melodiosa" (81:1,2). Você bem poderia chamar de barulho. Mera música não é suficiente. Que todos, mesmo os gentios ignorantes, batam palmas (47:1). Tenhamos címbalos sonoros, não apenas bem afinados, mas ressonantes, e danças também (150:4,5). Que até mesmo as "regiões costeiras distantes" (todas as regiões costeiras eram distantes, pois os judeus não eram marinheiros) compartilhem da exultação (97:1).

Não estou dizendo que esse prazer – se preferir, essa turbulência – pode ou deve ser revivido. Parte dele não pode ser revivido porque não está morto, mas ainda está conosco. Seria inútil fingir que nós, anglicanos, somos um exemplo notável. Os romanos, os ortodoxos e o Exército de Salvação, todos, eu acho, retiveram mais disso do que nós. Temos uma preocupação terrível com o bom gosto. Mesmo assim, podemos exultar. A segunda razão é muito mais profunda. Todos os cristãos sabem algo que os judeus não sabiam sobre o "custo para redimir sua alma". Nossa vida como cristãos começa por sermos batizados em uma morte; nossos festivais mais alegres começam com, e centram-se em, o corpo partido e o sangue derramado. Há, portanto, uma profundidade trágica em nosso culto que faltava ao Judaísmo. Nossa alegria tem de ser o tipo de alegria que pode coexistir com ela; existe para nós um contraponto espiritual onde eles tinham melodia simples. Mas isso não cancela em nada a deleitosa dívida que eu, por um lado, sinto que devo aos Salmos mais jucundos. Lá, apesar da presença de elementos que agora talvez achemos difícil de considerar como religiosos e da ausência de elementos que alguns possam considerar essenciais para a religião, encontro uma experiência totalmente centrada em Deus, pedindo a Deus nenhum dom com mais urgência do que sua presença, o dom de si mesmo, alegre ao mais alto grau e inequivocamente real. O que vejo (por assim dizer) no rosto desses velhos poetas me diz mais sobre o Deus que eles e nós adoramos.

A LIÇÃO
DA FIGUEIRA

LEITURA DAS ESCRITURAS
Mateus 21:16-22
Salmos 105:23-45

Milagres
("Os milagres da Velha Criação")

O único milagre de Destruição feito por Cristo, o murchar da figueira, mostrou-se problemático para algumas pessoas, mas acho que seu significado é bastante claro. O milagre é uma parábola encenada, um símbolo da sentença de Deus sobre tudo o que é "infrutífero" e especialmente, sem dúvida, sobre o judaísmo oficial daquela época. Esse é o seu significado moral. Como um milagre, ele novamente faz em foco, repete em pequena escala e de modo semelhante, o que Deus faz constantemente e por toda a Natureza. Vimos no capítulo anterior como Deus, tirando das mãos de Satanás a arma, tornou-se, desde a Queda, até o Deus da morte humana. No entanto, muito mais, e talvez desde a criação, ele tem sido o Deus da morte dos organismos. Em ambos os casos, embora de maneiras um tanto diferentes, ele é o Deus da morte porque ele é o Deus da Vida: o Deus da morte humana porque, por intermédio dela, vem agora o aumento da vida — o Deus da meramente orgânica morte porque esta é parte do próprio modo pelo qual a vida orgânica se espalha no Tempo e ainda assim permanece nova. Uma floresta com mil anos ainda está coletivamente viva porque algumas árvores estão morrendo e outras estão crescendo. O rosto humano dele, voltando com negação nos olhos para aquela figueira, fez uma vez o que sua ação não encarnada faz com todas as árvores. Nenhuma árvore morreu naquele ano na Palestina, ou em qualquer ano em qualquer lugar, exceto porque Deus fez — ou melhor, parou de fazer — algo com ela.

Todos os milagres que consideramos até agora são Milagres da Velha Criação. Em todos eles, vemos o Homem Divino fazendo de modo focado para nós o que o Deus da Natureza já fez em uma escala maior. Em nossa próxima classe, os Milagres de Domínio sobre o Inorgânico, encontramos alguns que são da Velha Criação e alguns que são da Nova. Quando Cristo acalma a tempestade, Ele faz o que Deus sempre fizera antes. Deus fez a Natureza de forma que houvesse tempestades e calmarias; dessa forma, todas as tempestades (exceto aquelas que ainda estão acontecendo neste momento) foram acalmadas por Deus. É antifilosófico, se você já aceitou o Grande Milagre, rejeitar o acalmar da tempestade. Não há realmente nenhuma dificuldade em adaptar as condições climáticas do resto do mundo a essa miraculosa calmaria. Eu mesmo posso acalmar uma tempestade em uma sala por fechar a janela. A natureza deve fazer o melhor que puder. E, para fazer-lhe justiça, ela não causa nenhum problema. Todo o sistema, longe de deixar de funcionar corretamente (que é o que algumas pessoas nervosas parecem pensar que um milagre faria), digere a nova situação tão facilmente quanto um elefante digere uma gota d'água. Ela é, como eu disse antes, uma anfitriã realizada. Mas, quando Cristo anda sobre as águas, temos um milagre da Nova Criação. Deus não fez a Velha Natureza, o mundo antes da Encarnação, do tipo em que a água sustentasse um corpo humano. Esse milagre é o antegozo de uma Natureza que ainda está no futuro. A Nova Criação está só começando. Por um momento, parece que ela vai se espalhar. Por um momento, dois homens estão vivendo nesse novo mundo. Pedro também caminha sobre as águas — um ou dois passos; então, sua confiança acaba e ele afunda. Ele está de volta à Velha Natureza. Aquele vislumbre momentâneo foi um floco de neve de um milagre. Os flocos de neve mostram que passamos a um novo ano. O verão está chegando. Mas ainda está muito distante, e os flocos de neve não duram muito.

Todos os Milagres de Reversão pertencem à Nova Criação. É um Milagre de Reversão quando os mortos ressuscitam. A velha natureza nada sabe sobre esse processo: envolve reproduzir de trás para frente um filme que sempre vimos sendo reproduzido em ordem normal. Uma ou duas ocorrências disso nos Evangelhos são flores precoces — o que chamamos de flores da primavera, porque são proféticas, embora realmente floresçam enquanto ainda é inverno. E os Milagres de Aperfeiçoamento ou de Glória, a Transfiguração, a Ressurreição e a Ascensão, são ainda mais enfaticamente da Nova Criação. Eles são a verdadeira primavera, ou mesmo o verão, do ano novo do mundo. O Capitão, o precursor, já está em maio ou junho, embora seus seguidores na Terra ainda vivam nas geadas e nos ventos do leste da Velha Natureza — pois "a primavera chega lentamente por aqui".

O APELO DO CRISTIANISMO, DE ACORDO COM MALDANADO

LEITURA DAS ESCRITURAS
Lucas 22:1-8
Salmos 141:1-10

Cartas de um diabo a seu aprendiz
("Carta 23")

Meu querido Vermelindo,
Por intermédio dessa moça e da família asquerosa dela, o paciente está agora conhecendo mais cristãos a cada dia que passa, e, pasmem, cristãos muito inteligentes também. Será quase impossível *afastar* a espiritualidade da vida dele por tempo prolongado. Pois bem, então vamos *corrompê-lo*. Não há dúvida de que você já se transformou várias vezes em um anjo de luz como um mero exercício de exibicionismo. Agora está na hora de fazê-lo diante do Inimigo. O Mundo e a Carne falharam conosco; um terceiro Poder permanece, e o sucesso desse terceiro tipo é o mais glorioso de todos. No Inferno, um santo corrompido, um fariseu, um inquisidor ou um mágico, qualquer um deles é um passatempo melhor para nós do que um tirano ou um pervertido comum.

Analisando os novos amigos do seu paciente, penso que o seu melhor ponto de ataque seja a fronteira entre a teologia e a política. Vários dos novos amigos que ele fez estão bem ligados às implicações sociais da religião deles. Isso, por si só, é muito ruim, mas podemos tirar vantagem disso.

Você vai descobrir que uma boa parte dos escritores políticos cristãos pensa que o cristianismo começou desde muito cedo a tomar o rumo errado e a abandonar a doutrina de seu fundador. Devemos usar essa ideia para encorajar novamente o conceito de um "Jesus histórico", que só será encontrado depois de expurgarem os "acréscimos e as perversões" posteriores, para depois ser contrastado com toda a tradição cristã. Na geração passada, promovemos a construção de um tal "Jesus histórico" em linhas humanitárias e liberais; agora, estamos estimulando um novo "Jesus histórico" em termos marxistas, catastróficos e revolucionários. As vantagens dessas construções, que pretendemos mudar a cada trinta anos mais ou menos, são múltiplas. Em primeiro lugar, todas tendem a direcionar a devoção do homem a algo que não existe, pois todo "Jesus histórico" é a-histórico. Os documentos dizem o que dizem e pronto, e nada pode ser acrescentado; cada novo "Jesus histórico", portanto, deve ser extraído deles por supressão de um ponto e exagero de outro, e por esse tipo de suposição (*brilhante* é o adjetivo que lhes ensinamos a aplicar a isso) na qual ninguém apostaria cinquenta centavos na vida real, mas que é o suficiente para produzir um monte de novos Napoleões, novos Shakespeares e novos Swifts na lista de lançamentos das editoras. Em segundo lugar, cada uma dessas construções situa a importância de seu Jesus histórico com base em alguma teoria peculiar, supostamente promulgada por ele. O "Jesus histórico" tem que ser um "grande homem" no sentido moderno da palavra — alguém que se coloca no fim de uma linha de raciocínio centrífuga e desequilibrada —, uma manivela que vende uma panaceia. Assim, o negócio é distrair a mente do ser humano daquilo que ele é e daquilo que ele fez. Primeiro, fazemos dele tão somente um mestre, e depois ocultamos o acordo bastante substancial entre seus ensinamentos e aqueles de todos os outros grandes mestres morais, pois não se deve permitir aos humanos notar que todos os grandes moralistas são enviados pelo Inimigo não para informar as pessoas, mas para relembrá-las, para reafirmar as obviedades morais primordiais, apesar de nosso esforço constante para ocultá-las. Nós criamos os sofistas: ele levanta um Sócrates para responder a eles. Nosso terceiro objetivo, por meio desse tipo de interpretação, é destruir a vida devocional, substituindo a presença real do Inimigo, que pode ser experimentada pelos homens na oração e no Jesus que ela retrata ser a-histórico, a religião desse tipo é falsa, em termos históricos, noutro sentido. Nenhuma nação, e poucos indivíduos, são realmente levados para o campo do Inimigo simplesmente pelo estudo histórico da biografia de Jesus enquanto tal. Na verdade, os fatos necessários para o registro de uma biografia completa foram negados aos seres humanos. Os primeiros convertidos foram convertidos por causa de um único fato histórico (a Ressurreição) e uma única doutrina teológica (a Redenção), operando em um sentido do pecado que eles já cometiam — e pecado não contra alguma nova lei da moda, produzida como uma novidade por um "grande homem", mas contra a velha, trivial e universal lei moral que eles aprenderam com suas amas e mães. Os "Evangelhos" vieram mais tarde e não foram escritos para formar cristãos, mas para edificar os cristãos já formados.

O "Jesus histórico", portanto, por mais perigoso que isso possa parecer para nós em algum momento específico, deve ser incentivado sempre. Quanto à ligação geral entre cristianismo e política, nossa posição é um pouco mais delicada. Certamente, não queremos que os homens permitam que o seu cristianismo transborde para a sua vida política, pois o estabelecimento de qualquer coisa parecida com uma sociedade realmente justa seria um desastre de grandes proporções. Por outro lado, nós de fato desejamos, e desejamos ardentemente, fazer com que as pessoas tratem o cristianismo como um meio; preferencialmente, é claro, como um meio para o seu próprio sacramento, por uma figura meramente imaginativa, remota, sombria e boçal, de uma pessoa que falou uma língua estranha e morreu há muito tempo. Tal objeto, com efeito, não deveria ser adorado. Em vez de o Criador sendo adorado pela criatura, você logo terá meramente um líder aclamado por um militante, e, por fim, um personagem ilustre aprovado por um historiador meticuloso. E, em quarto lugar, apesar de o benefício, mas, se isso falhar, como meio para qualquer outro fim — até mesmo para a justiça social.

A coisa a se fazer é levar o homem a valorizar, em primeiro lugar, a justiça social como uma demanda do Inimigo e, depois, fazer o homem chegar ao estágio no qual ele valorizará o cristianismo porque este pode gerar a justiça social; pois o Inimigo não deseja ser usado como mera conveniência. Pessoas ou nações que pensam que podem reavivar a fé para criar uma sociedade boa, poderiam achar, no mesmo sentido, que elas podem usar as estrelas do céu como um atalho para a drogaria mais próxima. Felizmente, é bem fácil manipular os seres humanos para entrarem nessa. Hoje mesmo topei com um trecho na obra de um escritor cristão em que ele recomenda a sua própria versão do cristianismo com o fundamento de que "apenas uma fé assim pode sobreviver à morte de velhas culturas e ao nascimento de novas civilizações". Você vê a pequena brecha? "Acredite nisso não porque seja verdade, mas por alguma outra razão." Esse é o jogo.

Com carinho,
Seu tio, Maldanado

O PODER
DA CONFIANÇA

LEITURA DAS ESCRITURAS
João 13:1-11
Salmos 31:1-5

*Cartas a Malcom, sobretudo
a respeito da oração*
("Carta 8")

Ainda pode ser que tudo fique bem. Isso é verdade. Enquanto isso, você tem a espera — a espera até que as chapas de raios X sejam reveladas e até que o especialista tenha completado suas observações. E, enquanto espera, você ainda tem de continuar vivendo — se ao menos pudéssemos ficar às escondidas, lá hibernando, dormindo. E, então (para mim — eu acredito que você é mais forte), os horríveis subprodutos da ansiedade; o incessante e circular movimento dos pensamentos, até mesmo a tentação pagã de vigiar os presságios irracionais. E alguém ora; mas principalmente essas orações são, elas próprias, uma forma de angústia.

Algumas pessoas se sentem culpadas por suas ansiedades e as consideram um defeito da fé. Não concordo com isso de jeito nenhum. Elas são aflições, não pecados. Como todas as aflições, elas são, se assim podemos considerá-las, nossa participação na Paixão de Cristo. Pois o começo da Paixão — o primeiro movimento, por assim dizer — é no Getsêmani. No Getsêmani, algo muito estranho e significativo parece ter acontecido.

Está claro, a partir de muitos de Seus ditos, que Nosso Senhor há muito tempo previra Sua morte. Ele sabia que condutas como a Dele, em um mundo como o tornamos, inevitavelmente levariam a isso. Mas está claro que esse

224

conhecimento deve, de alguma forma, ter sido retirado Dele antes que Ele orasse no Getsêmani. Ele não poderia, tendo qualquer reserva quanto à vontade do Pai, ter orado para que o cálice passasse e, ao mesmo tempo, saber que isso não aconteceria. Isso é uma impossibilidade lógica e psicológica. Você vê o que isso envolve? A fim de que não faltasse nenhum incidente de provação para a humanidade, os tormentos da esperança — de suspense, ansiedade — foram, no último momento, despejados sobre Ele: a suposta possibilidade de que, ao final, Ele pudesse, Ele apenas concebivelmente pudesse, ser poupado do horror supremo. Havia precedentes. Isaque tinha sido poupado: ele também no último momento, ele também contra todas as probabilidades aparentes. Não era totalmente impossível... e, sem dúvida, Ele tinha visto outros homens crucificados... uma visão muito diferente da maioria de nossas imagens e retratos religiosos.

Mas, para essa última (e errônea) esperança contra a esperança, e o consequente tumulto da alma, o suor de sangue, talvez Ele não fosse o Homem em sua totalidade. Viver em um mundo totalmente previsível não é ser homem.

Por fim, eu sei, é dito que apareceu um anjo que o "confortava". Mas nem *confortava* no inglês do século 16, nem a palavra grega ἐννισχύων significam "consolar". "Fortalecia" é a melhor palavra. Não pode o fortalecimento ter consistido na certeza renovada — o que seria um conforto frio — de que a coisa deveria ser suportada e, portanto, poderia ser?

Todos tentamos aceitar com alguma submissão nossas aflições quando elas chegam de fato a nós. Mas a oração no Getsêmani mostra que a ansiedade que a precede é, em igual medida, a vontade de Deus e parte de nosso destino humano. O Homem perfeito experimentou isso. E o servo não é maior que o mestre. Somos cristãos, não estoicos.

Os movimentos da Paixão não comunicam, todos eles, de modo abrangente, algum elemento comum nos sofrimentos de nossa raça? Primeiro, a oração de angústia — não aceita. Então, Ele se volta para Seus amigos. Eles estão adormecidos — como os nossos, ou nós, estão tão frequentemente, ou ocupados, ou ausentes ou preocupados. Então, Ele enfrenta a Igreja; a própria Igreja que Ele trouxe à existência. Ela o condena. Isso também é característico. Em cada Igreja, em cada instituição, há algo que, mais cedo ou mais tarde, atua contra o próprio propósito para o qual surgiu. Mas parece haver outra chance. Existe o Estado; neste caso, o Estado romano. Suas pretensões são muito inferiores às da igreja judaica, mas, precisamente por essa razão, ele pode estar livre de fanatismos locais. O Estado alega ser justo, em um nível rude e mundano. Sim, mas apenas na medida em que seja consistente com a conveniência política e *raison d'état*. O homem se torna uma ficha em um jogo complicado. Mas, mesmo nesse momento, nem tudo está perdido. É possível ainda um apelo ao povo — os pobres e simples a quem Ele abençoou, a quem Ele curou e alimentou e ensinou, a quem Ele pertence. Mas eles se tornaram uma multidão assassina noturna (não é nada incomum) gritando por Seu sangue. Não há, então, nada além de Deus. E, com respeito a Deus, as últimas palavras de Deus foram: "Por que me abandonaste?".

Você percebe quão característico, quão representativo, tudo é. A situação humana escrita em letras grandes. Essas são algumas das coisas que significam ser um homem. Cada corda se rompe quando você a pega. Cada porta é fechada quando você a alcança. É ser como a raposa no final da corrida; as terras estão todas delimitadas.

Quanto ao último abandono de todos, como podemos entendê-lo ou suportá-lo? É que o próprio Deus não pode ser Homem a menos que Deus pareça desvanecer-se em Sua maior necessidade? E se é assim, por quê? Às vezes me pergunto se sequer começamos a entender o que está envolvido no próprio conceito de criação. Se Deus criar, Ele fará algo ser e, ainda assim, isso não será Ele mesmo. Ser criado é, em certo sentido, ser ejetado ou separado. Será que, quanto mais perfeita a criatura é, mais essa separação deve, em algum momento, ocorrer? São santos, não pessoas comuns, que experimentam a "noite escura". São homens e anjos, não animais, que se rebelam. A matéria inanimada dorme no seio do Pai. A característica de Deus de ser "oculto" talvez pressione mais dolorosamente aqueles que estão, de outro modo, mais próximos Dele, e, portanto, o próprio Deus, feito homem, será, entre todos os homens, o mais abandonado por Deus? Um dos teólogos do século 17 disse: "Ao fingir ser visível, Deus pode somente enganar o mundo". Talvez Ele finja, apenas um pouquinho, para almas simples que precisam de uma medida plena de "consolo palpável". Não os enganando, mas ajustando o vento ao cordeiro tosquiado. É claro que não estou dizendo, como Niebuhr, que o mal é inerente à finitude. Isso identificaria a criação com a queda e faria de Deus o autor do mal. Mas talvez haja uma angústia, uma alienação, uma crucificação envolvida no ato criativo. No entanto, Ele, o único que pode julgar, julga que a distante consumação vale a pena.

DANDO SENTIDO À HISTÓRIA DE CRISTO

LEITURA DAS ESCRITURAS
Mateus 27:1-54
Salmos 22:1-11

The collected letters of C. S. Lewis

[As cartas coletadas de C. S. Lewis]
Volume III, 9 de maio de 1944

As palavras vindas da Cruz "Por que me abandonaste" sugerem que Nosso Senhor entrou na experiência humana até o grau de desamparo completo e, naquele ponto, não percebeu a própria Divindade nem previu a própria Ressurreição.

O dom nunca foi retirado. Cristo é ainda Homem. A natureza humana foi incorporada à Natureza Divina (veja o Credo de Atanásio) e permanece lá. Nossa *cabeça de ponte* está segura.

O que essas pessoas *querem*? Elas realmente o contemplam por três horas pregado a uma estaca — costas esfoladas e grudadas em madeira não aplainada — Sol palestino — nuvem de insetos em volta da cabeça, das mãos e dos pés — o rosto, uma máscara de hematomas, pus, saliva, sangue, lágrimas e suor — os pulmões gradualmente se rasgam devido à posição — e depois reclama: "Isso não dói o suficiente?"

PONTOS DE VISTA SOBRE A ENCARNAÇÃO

LEITURA DAS ESCRITURAS
Mateus 27:55-66
Salmos 2:1-12

*O primeiro texto é uma carta para Audrey Sutherland.
O segundo foi escrito antes da conversão de Lewis, mas
apresenta um universo vasto e misterioso.*

The collected letters of C. S. Lewis

[As cartas coletadas de C. S. Lewis]
Volume III, 28 de abril de 1960

Acredito que você esteja certa ao pensar que a maioria dos povos antigos não tinha esperança de céu, embora, é claro, indivíduos selecionados e excepcionais pudessem se tornar deuses e ir para o Olimpo. Isso estava tão fora do curso comum no esquema deles quanto Elias ser pego na carruagem de fogo está no nosso. Não responderei pelos egípcios nem pelas religiões de "mistério" gregas.

O que é m. mais importante é que os antigos podiam estar certos. O NT sempre fala de Cristo não como alguém que ensinou, ou demonstrou, a possibilidade de uma vida gloriosa após a vida, mas como aquele que primeiro criou essa possibilidade — o Pioneiro, as Primícias, o Homem que forçou a porta. Isso, é claro, está relacionado a 1Pedro 3:19, sobre pregar aos espíritos em prisão, e explica por que Nosso Senhor "desceu ao Inferno"(*Sheol* ou Hades). Isso dá m. a impressão de que, até sua ressurreição, o destino dos mortos de fato *era* uma meia-vida sombria — mera fantasmice. Os autores medievais se deliciaram em imaginar o que chamaram de "a angústia do Inferno", Cristo descendo e batendo àquelas portas eternas e trazendo para fora aqueles a quem Ele escolheu. Eu acredito em algo assim. Isso pode explicar como o que Cristo fez pode salvar aqueles que viveram muito antes da Encarnação.

Spirits in bondage
[Espíritos em prisão]
"Noite"

Após a preocupação e o fracasso deste dia,
E o cansaço de pensamento, ó Mãe Noite,
Vem com um beijo suave acalmar nosso cuidado
E todos os nossos pequenos bulícios corrigir;
Tu, de todas as semelhantes da morte a mais compassiva, limpa o tempo,
Cavalgando acima de nós através da cortina de ar
Em teu carro crepuscular, tu espalhas pela terra
Bons sonhos e lânguidos encantos de terno poder
E o querido deleite dos amantes antes do nascimento do amanhã.
Assim, é de teu uso tuas terras tranquilas deixar
E paços com pilares além da Via Láctea,
Onde tu tardas todo o nosso dia solar
Enquanto sonhos não substanciais diante de ti se tecem
Uma dança espumante, e fantasias esvoaçantes brincam
Perto de teu palácio no raio de prata
De algum distante globo lunar. Mas, quando chegar a hora,
O há muito esperado vem, os portões de marfim
Abrem em silenciosa dobradiça diante de teu caramanchão
Espontaneamente, e a carruagem cravejada de joias espera
Com corcéis mágicos. Tu, do rebordo frontal,
Curvando-te para instá-los, enquanto teu cabelo escuro como o mar
Cai em ondulações ambrosíacas sobre cada membro,
Com belos braços pálidos, desimpedidos, nus

233

Para a equitação, àqueles corcéis de batalha gêmeos ligeiros
Fizeste dar rédea solta para cruzarem os fogos que brilham
No amplo piso do céu, com suas patas
Espalhando a minúscula poeira estelar à medida que
avançam.
Desce rapidamente do céu, ó Senhora Noite,
Cai no país das sombras, ó mais gentil,
Abandona tuas praias de sonhos suaves e de luz
Pelas correntes, com as quais tu ainda costumas ligar,
Com o mais terno amor pela arte cuidadosa dos médicos,
O coração machucado e cansado
Em cego torpor.

dia da

PÁSCOA

ALEGREM-SE NA RESSURREIÇÃO

LEITURA DAS ESCRITURAS
Lucas 24:1-53
Salmos 44:1-8

A última batalha

("Adeus à Terra das Sombras")

E, enquanto falava, Ele já não lhes parecia mais um leão; mas as coisas que começaram a acontecer depois disso foram tão grandiosas e belas que não posso descrevê-las. E, para nós, este é o fim de todas as histórias, e podemos com toda a verdade dizer que todos viveram felizes para sempre. Mas para eles foi apenas o começo da história real. Toda a vida deles neste mundo e todas as suas aventuras em Nárnia foram apenas a capa e a folha de rosto: agora, finalmente, eles começavam o Capítulo Um da Grande História que ninguém na Terra leu: a história que continua para sempre e na qual cada capítulo é melhor do que o anterior.

Outros livros de C. S. Lewis
pela THOMAS NELSON BRASIL

COLEÇÃO ESPECIAL

COLEÇÃO FUNDAMENTOS

TRILOGIA CÓSMICA

Este livro foi impresso pela Santa Marta, em 2024, para a Thomas Nelson Brasil. A fonte do miolo é Palatino Linotype. O papel do miolo é pólen bold 70g/m², e o da capa é cartão 250g/m².